Franz Mathar · Rudolf Spiegel

Kölsche Bier- und Brauhäuser

Greven Verlag Köln

Frontispiz:
»In der Wirtschaft«, Aquarell von Josef Passavanti (1906). Es zeigt das typische Interieur der Weetschaff Anfang dieses Jahrhunderts.

CIP-Titelaufnahme der Deutschen Bibliothek

Kölsche Bier- und Brauhäuser / Franz Mathar; Rudolf Spiegel.
– Köln : Greven, 1989
ISBN 3-7743-0248-0
NE: Mathar, Franz [Mitverf.]; Spiegel, Rudolf [Mitverf.]

Graphische Gestaltung: Franz Mathar
Druck: Greven & Bechtold GmbH, Köln
Buchbinder: Berenbrock, Wuppertal

Inhalt

KÖLSCH
DIE KÖLNER

Vom Cervisia zum Kölsch

Zum Brauen eines guten Bieres braucht man vier Dinge: Gerstenmalz, Hopfen, Hefe und gutes Wasser. Außerdem den in Jahrhunderten erworbenen Sachverstand der Bierbrauer. Denn das Bier ist eines unserer ältesten und traditionsreichsten Nahrungsmittel.
Schon Tacitus erwähnt im 23. Kapitel seiner »Germania«, daß die Germanen einen Saft aus Gerste und Getreide tranken. Die Gallier nannten dieses Getränk laut Plinius dem Älteren »cervisia«. Sie verstanden es sogar schon, ein Bier mit einer Schaumkrone herzustellen.
Im frühen Mittelalter sind es vor allem die Klöster, die die Braukunst pflegen und fördern. Um die Jahrtausendwende hat sich der Brauer als eigenständiger Berufsstand herausgebildet. Die Brauer bilden eine der ältesten Zünfte in Köln. Die Gründung von Brauereien steigt im Rheinland bis ins 15. Jahrhundert sprunghaft an, begünstigt durch das Anwachsen der Städte.
Doch das Bier, das in jener Zeit gebraut wurde, unterschied sich wesentlich von dem uns heute vertrauten Getränk. Anstatt Hefe zum Gären und Hopfen zum Würzen benutzte man die natürliche Luftgärung und würzte mit Kräutern, der sogenannten »Gruit«. Vom 14. Jahrhundert an hält dann der Hopfen seinen Einzug in die rheinische Bierlandschaft.
Ab 1906, als im Rheinland das preußisch-norddeutsche Biersteuergesetz Gerstenmalz, Hopfen, Wasser und Hefe zum Bierbrauen zwingend vorschreibt, beginnt die Neuzeit des Bieres. Dies ist auch die Blütezeit der kölschen Bier- und Brauhäuser, die damals zum Teil schon eine lange Tradition haben. Und das ist die Zeit, in der sich das »blanke« Kölsch, wie wir es heute kennen und schätzen, durchzusetzen beginnt.
Die alten Brauhäuser, von denen die meisten entweder einem »modernen« Zeitgeschmack oder später dem Bombenkrieg zum Opfer gefallen sind, waren Ausdruck kölscher Lebensart. Im alten Köln gab es sie gleichsam an jeder Ecke – Stätten der Begegnung und Geselligkeit, des »Klaafs« und des Frohsinns.
In der kölschen Weetschaff sind viele Elemente von damals noch erhalten. Sie ist daher mehr als nur ein Gasthaus: nämlich ein Stück kölschen Kulturerbes.

Gambrinus, der legendäre König des Bieres. Dieses Ölgemälde aus dem Jahre 1526 stammt aus einer Brauerei in Stendal. Heute ist es Eigentum des Bayerischen Brauerbundes und hängt im Deutschen Brauerei-Museum in München.

Gambrinus siegte bei Worringen

Gereimtes und Ungereimtes über den »König des Bieres«

Wilhelm Scheben, der Chronist der Kölner Brauer am Ende des vorigen Jahrhunderts, wurde richtig wütend: »Wenn das ganze Buch aus solchen Unwahrheiten zusammengesetzt ist, so hat dasselbe gar keinen Werth!« Im Braunschweigischen war nämlich gerade ein Handbuch über das Bierbrauen erschienen. Darin wurde Gambrinus, König von Flandern und Brabant, als Erfinder des Bieres genannt, der 1200 Jahre vor Christus gelebt habe und wegen seiner Verdienste um das Bier später heilig gesprochen worden sei. Solcher Unfug ging dem Kölner Bier-Historiker denn doch zu weit. Für Scheben stand vielmehr fest: Gambrinus ist identisch mit Jan I. (Jan Primus) von Brabant, der bei der Schlacht von Worringen 1288 an der Spitze der siegreichen Koalition gegen den Kölner Erzbischof Siegfried von Westerburg und seine Verbündeten gestanden hat.

Eine niederländische Darstellung von 1526 zeigt den Fürsten mit einer Krone, die mit Gerstenähren geschmückt ist. Der volkstümliche Herrscher, so erklärt Scheben, hatte sich als Ehrenmitglied in die Brüsseler Brauergilde aufnehmen lassen; sein Bildnis wurde im Saal der Gilde aufgehängt, später folgten auch andere Brauereien von Brabant diesem Beispiel.

Herzog Johann I. (Jan I.) von Brabant. Kupferstich aus dem 17. Jahrhundert.

Aber auch diese Deutung geht an der Wahrheit vorbei, die in den Enzyklopädien von heute nachzulesen ist. Demnach verdankt der Schutzpatron der Brauer seine Entstehung schlichtweg einem Druck- oder Lesefehler. Tacitus hat in seiner »Germania« unter den germanischen Stämmen unter anderem die »Gambrivii« erwähnt. Auf mancherlei Umwegen, unter anderem über die Annalen des Aventin, wird aus dem Namen »Gambrivius« für einen germanischen Herrscher die Form »Gambruius« in einer Versdichtung von Burkhard Waldis. 1574 taucht dann der Name »Gambrinus« erstmalig in den Niederlanden auf, was wiederum auf einen Druckfehler im Register einer früheren Dichtung zurückzuführen ist, in der es »Gambrinius« geheißen hatte. Waldis war es auch gewesen, der Gambrinus völlig willkürlich mit den Bierbrauern in Verbindung gebracht hatte.

In Wirklichkeit ist der Sachverhalt noch komplizierter. Aber die volksethymologische Umdeutung hat es nun einmal so gewollt, daß wir Gambrinus in Jan I. oder Johann von Brabant wiedererkennen. Der spätere Sieger von Worringen kommt 1267 als 15jähriger auf den Brabanter Herzogsthron nur deswegen, weil sein älterer Bruder Hendrik aufgrund einer Geisteskrankheit für die Regentschaft ausfällt. Brabant wird um diese Zeit von benachbarten Mächten arg bedrängt; außerdem steht es außerordentlich schlecht um die landesherrlichen Finanzen. Der langwierige Streit im Limburger Erbfolgekrieg, der erst mit Worringen entschieden ist, verlangt zusätzliche Mittel. Johann I. bekommt sie vom Adel und von den Städten, die sich im Gegenzug wichtige Zugeständnisse sichern.

Johann ist eine glänzende Rittergestalt. Sein Ruhm verbreitet sich rasch über die Grenzen seines Herzogtums hinaus. Jan van Heelu hat in seiner Reimchronik über die Schlacht von Worringen die Tugenden seines Herrn wortreich gepriesen: »Als Herzog Jan von Brabant zum Ritter wurde, begann er, ehrenvoll von Land zu Land Turniere zu bestehen, Lanzen zu stechen und die Waffen zu üben, und schenkte den fremden Rittern das gewonnene Pfand (denn er konnte nicht sparsam sein); er gab edle Pferde und Gelage, so daß Ritter aller Zungen, die vorher untätig waren, sich ertüchtigten und erwachten und um des Herzogs Willen mit zu den Waffen kamen, als sie seine Tapferkeit wahrnahmen: denn zuvor nahm er immer die größte Zahl der Ritter auf seine Seite und verteidigte sich im Kampf, so daß er am häufigsten gewann. Geschah es auch, daß er unterlag, so fand man ihn dennoch bis zum Schluß stets unerschrocken und eifrig auf dem Kampfplatz. Er wollte auch zur Tafelrunde, ohne zu verweilen und zu zögern, reiten, gegen die Tapfersten, die es gab; denn er selber war einer der unerschrockensten, die damals lebten . . .«

Im Jahre 1294 stirbt Johann I. bei einem

Turnier in Bar (im heutigen Nord-Frankreich). Es ist nicht verwunderlich, daß ein solcher Mann in seiner Heimat zum Mythos wird. Denn als der eigentliche Sieger von Worringen hat er den Grundstein für ein Wachsen und Blühen von Brabant und eine eigenständige Entwicklung des niederländischen Raumes gelegt. Und sein Bild wird in der Folgezeit nicht nur in den Stuben der Brauergilden gehangen haben.

Am 5. Juni 1288 vernichtet der Brabanter im Verein mit den Grafen von Looz und Jülich sowie bergischen Bauern und Kölner Bürgern die Truppen des Kölner Erzbischofs, des Grafen von Luxemburg und des Grafen von Geldern. Die Bürger, die da auf der Fühlinger Heide um ihre Stadtfreiheit kämpfen, sind zunächst in erster Linie die Patrizier; aber hinter ihnen drängen die Vertreter eines neuen Standes nach vorn: Handel und Handwerk, die ebenfalls bei dieser denkwürdigen Schlacht ihre Opfer gebracht haben, melden unüberhörbar ihre Führungsansprüche an. Zu ihnen gehören selbstverständlich auch die Brauer.

Die Stadt Köln, die mit Hilfe von Johann I. faktisch ihre Freiheit erkämpft hat, zeigt sich dem Herzog erkenntlich: Sie macht ihn zum Ehrenbürger und schenkt ihm ein stattliches Haus »Am Hof«, das unter dem Namen »Brabanter Hof« Jahrhunderte Bestand hat und erst 1860/61 abgebrochen wird.

So ist »Jan Primus« längst in Köln heimisch, bevor »Gambrinus« Einzug hält: Die französischen Revolutionstruppen bringen ihn mit. Die Kölner Brauer, Jünger des heiligen Peter von Mailand, hören 1794 wohl zum ersten Mal von diesem »Schutzpatron des Bieres«.

Die Schlacht bei Worringen 1288. Ausschnitt aus der Koelhoffschen Chronik von 1499.

Entwicklung und Geschichte der Kölner Brauer

Der Ursprung des heutigen Braugewerbes war im frühen Mittelalter das Bierbrauen für den Eigenbedarf der Familie. Backen und Brauen gehörten zu den Hausfrauenpflichten, denen kein besonderes historisches Interesse beigemessen wurde. Allenfalls die Klosterbrauereien finden hier und dort Erwähnung in Urkunden und Berichten.

Dieser Zustand änderte sich erst durch die Einführung von Zünften und Bruderschaften. Wie viele professionelle Brauereien zur Gründungszeit der St. Peter von Mailand-Bruderschaft existierten, ist nicht bekannt.

1438 wird zum ersten Mal eine Mitgliederzahl der Kölner Brauerzunft historisch gesichert erwähnt. Es sind 21 organisierte Brauer. Sie brauen im Drei-Jahres-Rhythmus abwechselnd zwei verschiedene Arten von Bier:

1. das Gruitbier, ein Gerstenbier mit Kräuterwürzsud;
2. das Hopfenbier, ein Gerstenbier, das unserem heutigen Bier am nächsten kommt.

Daneben brauen noch 39 Kölner Brauer Keutebier auf Weizenbasis. Sie gehören nicht zur Brauerzunft.

1471 werden jedoch auch die Keutebierbrauer in die Zunft integriert, die mittlerweile 60 Mitglieder zählt.

1500 Ungefähr von diesem Zeitpunkt an setzt sich in Köln das Hopfenbier als einzige Biersorte durch. Seine Qualität belebt den Konsum und vergrößert seinen Anteil auf dem Getränkemarkt, besonders gegenüber dem bis dahin bevorzugten Wein. Die Zahl der Brauer steigt auf 89.

1555 gibt es einen Rückschlag: Der Rat der Stadt übernimmt aus Steuergründen das Braumonopol. Im städtischen Brauhaus darf nur unter Aufsicht von zwei beamteten Braumeistern gebraut werden. Die Zahl der Brauer sinkt wieder auf 60 bis 70.

1607 darf nur noch Ratsbier ausgeschenkt werden. Unter dem Druck sinkender Einnahmen gibt die Stadt jedoch nach. Das Braurecht wird wieder an private Brauer verpachtet. Die Rate der Brauereien nimmt wieder zu und steigt auf etwa 80 bis 90.

1794 Die französischen Revolutionstruppen besetzen Köln. In dieser Zeit gibt es laut Adreß-Buch 84 Brauer in Köln. Erinnern wir uns an die 89 aus dem Jahre 1500, so blieb die Zahl fast 300 Jahre lang nahezu konstant.

1797 Die Franzosen erklären die Gewerbefreiheit, lösen die Brauerzunft wie die anderen Zünfte kurzerhand auf und enteignen das Zunfthaus auf der Schildergasse. Die letzte Mitgliederzahl der Zunft: 99.

1815 wird Köln nach der Franzosenherrschaft preußisch. Handel und Handwerk erleben neuen Aufschwung.

1822 Laut Adreß-Buch gibt es wieder 91 Brauerbetriebe.

1849 wird zum Rekordjahr. Der Bierkonsum steigt dank Bevölkerungszuwachs und allgemeiner Prosperität. Die Zahl der Kölner Brauer beträgt laut »Preussische Statistik für die Rheinprovinz« 111.

1861 Der Höhepunkt ist erreicht. Das Stadtgebiet inklusive Vororte weist laut Adreß-Buch 119 Brauereibetriebe auf. Das kann auf die Dauer nicht gutgehen.

1850–1910 Zeit der Industrialisierung. Die Erfindung der Dampfmaschine mit allen Vorteilen für eine Großfabrikation und die Einführung von Lindes Kompressionskühlung lassen die Zahl der Großbrauereien steigen.

Der allgemeine Geschmack führt weg vom Kölsch, hin zum Export und zu Pilsener Bieren.

Die **1890** eingeführte Konzessionspflicht reglementiert die Hausbrauereien noch mehr. Die Öffnungszeiten werden gekürzt. Die Zahl der Gaststätten ist rückläufig.

Schließlich erschwert die **1906** erlassene preußische Biersteuer die Lage der Kölner Brauer. Der Bierpreis steigt.

1907 sinkt die Zahl auf 57 Betriebe. Der Biermarkt hat sich verändert. Nur die großen Aktienbrauereien und eine begrenzte Zahl von leistungsfähigen Hausbrauereien haben sich behauptet.

1912 Zwei Jahre vor Beginn des Ersten Weltkrieges gibt es am Ende eines langen Stabilisierungsprozesses wieder 71 Brauereien in Köln.

1920–1930 Nach verlorenem Krieg, Besetzung und Wirtschaftskrisen gerät der Markt wieder in Bewegung. Es erfolgen Neugründungen, Fusionen und Schließungen in großer Zahl.

Der Gesamt-Bierkonsum im Deutschen Reich sinkt gegenüber der Vorkriegszeit um die Hälfte.

1933 Nach der »Machtergreifung« existieren im Stadtgebiet Köln 41 Brauereibetriebe.

1943 Im Dritten Reich sinkt durch Krieg, Zerstörung und Zwangsbewirtschaftung die Zahl noch einmal auf 21. Mit genau dieser Zahl hatte man 1438 angefangen.

1945 Das erste Kölner Telefonbuch nach dem Krieg weist nur noch zwei Brauerei-Adressen auf: Die Dombrauerei Carl Funke AG und die Brauerei Ernst Sünner. Aber es geht aufwärts. Private Recherchen melden »Aktivitäten« für **1945** in 6, **1946** in 12 und **1947** in 13 Brauereien.

1989 zählt der Verband der Kölsch-Brauer 24 Mitglieder.

Ansicht von Köln (Ausschnitt) von Anton Woensam.

Gaffeln, Zünfte und Gilden im alten Köln

Gaffel, Zunft, Gilde – das sind Begriffe, die dem Kölschtrinker von heute flüssig über die Zunge gehen, als Produkte gewissermaßen. Aber diese Bezeichnungen haben einen historischen Hintergrund, der weit über den Rand des Bierglases hinausreicht.
Der Begriff der »Gaffel« führt unmittelbar zurück auf eines der zentralen Daten der Kölner Stadtgeschichte. Es ist der 14. September 1396, an dem der berühmte »Verbundbrief« in Kraft tritt. Besiegelt ist er von 22 Gaffeln, deren Zahl damit auf ewige Zeiten festgeschrieben ist.
Nach langen Auseinandersetzungen mit den ungeliebten Erzbischöfen – sie verlieren mit der Schlacht von Worringen 1288 ihren maßgeblichen Einfluß auf die Stadt – und den Patriziergeschlechtern, die noch 25 Jahre vorher (1371) das Weber-Regiment blutig niederwerfen, hat sich die Mehrheit der Kölner, die Handwerker und Händler, eine für diese Zeit epochale ständedemokratische Verfassung gegeben. Von jetzt an kann man – vereinfacht gesagt – die Zünfte als die wirtschaftlichen, die Gaffeln als politische Vereinigungen der Zünfte ansehen.
Das Zunftwesen in Köln entbehrt, was seine Entstehung angeht, nachhaltiger Quellen. 1149 bestätigt die Obrigkeit (ausgerechnet) den Bettdeckenwebern ihre neue Vereinigung. Wolltuchmacher, Schleierweber, Drechsler sind dann erwähnt – als einige wenige der 46 Zünfte, die im »Verbundbrief« genannt sind.
In der Folgezeit entwickelt sich nach und nach der Zunftzwang. Alle Handwerker desselben Gewerbes sind verpflichtet, der Zunft beizutreten – eine Zwangsmitgliedschaft unter Strafandrohung. Insgesamt ist die Hauptsorge der Zünfte jene, die sich vor allem auch auf die Brauer (bis zum heutigen Tag) anwenden läßt, nämlich »up dat ir werk reyne inde unvermenckt blive, up dat der koyfman unbedroigin werde inde dat werk also reyne inde unvermenckt vinde, as si it im gelovent«. Ein frühes, im Grunde allgemeingültiges Reinheitsgebot.
Auf die Einhaltung solcher Grundsätze achten die Zünfte unerbittlich. Verfehlungen ahnden sie mit schweren Bußen. Im übrigen ist ihr Aufgabenkatalog ebenso

Das Brauer-Wappen: Gekreuzte Schaufel, Maischgabel und Schöpfkelle auf fein ziseliertem Grund. Die Brauer-Gaffel bildete die Nummer 13 in der im Verbundbrief festgelegten Reihenfolge der Kölner Gaffeln.

lang, wie ihre Strafbefugnis nachhaltig ist: Zünfte wachen über die Handelsbräuche, über Produktionsverfahren, über die Lehrlingsausbildung, über Wettbewerbsregeln und Werbung, über Mitgliedskriterien und Aufnahmegebühren, über Lehrgeld und Löhne, über Vereinsregeln, über die Mengen des Einkaufs und der Produktion, über Verkaufsstätten und -zeiten. Sie sind eine Mischung aus Bruderschaft und Gewerbegenossenschaft, allerdings auch mit der Verpflichtung, für ihre Mitglieder und deren Angehörige zu sorgen.
An ihrer Spitze steht ein (gewählter) Zunft- oder Amtsmeister, in der Regel auf ein Jahr berufen in eine Funktion, der er sich bei Strafe nicht entziehen darf. Er schwört, »dat ampt truwelich zu bewahren na iren besten sinnen«, und er ist verpflichtet, den Zunftgenossen gehörig etwas auszugeben. Die Bewirtungsregeln sind vorgeschrieben.
Die erste authentische Nachricht über Bierbrauen in Köln stammt aus dem Jahre 873. Die Brauerlaubnis (Braugerechtigkeit) unterliegt in der Folgezeit immer strengeren

Die 22 Kölner Gaffeln und ihre Wappen und Namen (jeweils von links) in der im Verbundbrief festgelegten Reihenfolge: Gewandmacher (Weber, Gerber, Färber); Eisenmarkt (Kaufleute); Schwarzenhaus (Ritterzunft, aber u. a. auch Waid- bzw. Farbstoffhändler); Goldschmiede; Windeck (Ritterzunft).

Buntwörter (Buntwirker und Kürschner); Ritterzunft Himmelreich; Maler (Schilderer, außerdem Wappensticker, Glasmacher, Sattler, Bildschnitzer); von Aaren, auch von dem Ahren – Ritterzunft, der die Riemenschneider zugeteilt waren; Steinmetzen (mit Zimmerleuten, Holzschnitzern, Schreinern, Dachdeckern).

Schmiede (mit Stellmachern, Schlossern, Glocken- und Stückgießern, Uhrmachern); Bäcker; Brauer; Bindel- oder Gürtelmacher (mit Nadelmachern, Drechslern, Bürstenbindern, Zuckerbäckern, Hutmachern, Blechschlägern, Friseuren); Fleischhauer (Fleischer).

Fischmenger (Fischhändler, mit Schiffern und Buchbindern); Schneider; Schuhmacher (mit Lohgerbern und Holzschuhmachern); Sarwörter (Harnischmacher, mit Helmschlägern, Taschenmachern, Schwertfegern, Korbmachern, Bartscherern); Kannengießer (Zinngießer, mit Seilern). Unten: Faßbinder (mit Weinschankgehilfen) und Leinenweber.

Regeln, zugleich legt die Obrigkeit Wert auf die Herstellung von möglichst sauberem Bier. Denn Bier ist – neben Wein – das einzige Alltagsgetränk. Kein Wunder, daß es auch die Steuerbegehrlichkeit der Oberen nährt und nicht nur seine Konsumenten.

Mal stritten sich Rat und Brauer um den Braupfennig, mal lagen die Stadtväter mit dem Erzbischof im Streit darüber, wem das Privileg der Biersteuer zufallen solle. So in der Mitte des 13. Jahrhunderts zu Zeiten des Erzbischofs Konrad von Hochstaden, als der Universalgelehrte und Kölner Dominikaner Albertus Magnus in einem salomonischen Schiedsspruch zwischen dem geistlichen Herrn und dem Rat »halbe halbe« macht.

Dieser Konflikt deutet – wie viele andere um jene Zeit – das gespannte Verhältnis in der Stadt an. Der faktische Machtzuwachs von Zünften wie der der Brauer – als besonders exklusiv gilt die Goldschmiede-, als besonders schlagkräftig die Weberzunft – führt letztendlich zu jenem Verbundbrief, der die Grundlage für ein Stadtregiment legte, das möglichst alle Interessen miteinander in Einklang bringen sollte. Daß dies – die Verfassung galt mit Ergänzungen wie dem Transfixbrief bis zum Ende der Freien Reichsstadt 1789 – nicht immer ideal funktionieren konnte, steht auf einem anderen Blatt. Am Ende prägten kleinliche Regelauslegung, Korruption und Vetternwirtschaft das Bild.

Zunächst aber übernehmen die Gaffeln die politische Verantwortung in der Stadt. Sie sind die politischen Einheiten der Zünfte, aber da es auch kleinere Zünfte gibt und Bürger, die keinem Handwerk nachgehen, sind die Gaffeln nicht immer identisch mit der jeweiligen Zunft. Der Name Gaffel wird unter anderem hergeleitet von »Gabel«, jenem Eßbesteck, das die Teilnehmer an den Tischgesellschaften auf den Gaffelhäusern mitzubringen hatten. Namen von Gaffeln wie »Windeck«, »Eisenmarkt«, »Schwarzenhaus« sind teils auf die örtliche Zusammengehörigkeit, teils auf die Namen der Versammlungshäuser zurückzuführen.

Die Gaffeln wählten von 1336 an 36 von 49 Ratsherren – viele je zwei wie die Brauer, manche einen. Die Wahl der fehlenden 13, an denen es der vollen Zahl der Ratsmitglieder »gebrach«, war den gewählten Gaffel-Räten selbst vorbehalten – die 13 nannte man das »Gebrech«. Später kam noch das Gremium der »Vierundvierziger« hinzu, eine Art zweite Kammer zur Beratung und Beschlußfassung bei besonderen Entscheidungen, etwa im Kriegsfall.

Zugleich mit dem Gaffel-System wurde auch die allgemeine Wehrpflicht eingeführt. Im Fall von Bedrohung und Gefahr scharten sich die Angehörigen der Gaffel – von 17 bis 80 Jahren – um ihren »Bannerherrn«. Damit war praktisch die gesamte Kölner Bürgerschaft erfaßt, denn jeder Kölner war verpflichtet, einer Gaffel beizutreten.

Zum Begriff »Gilde« schließlich: Bis ins Frühmittelalter reichen die Ursprünge der Kölner Gilde und damit auch die ersten Ansätze bürgerlicher Selbständigkeit. Kölner Kaufleute schlossen sich damals bereits zu einer Gilde zusammen, einer Vereinigung zum einen religiösen Gepräges, das gekennzeichnet war durch Brudertreue, Speisegemeinschaft und Totenkult etwa, und zum anderen bürgerlichen Charakters mit der Aufgabe der Wahrung gemeinsamer Interessen.

In dieser Gilde vereinen sich die führenden Kaufmannsfamilien Kölns; ihr Ansehen wird im Laufe der Zeit noch weiter vermehrt durch den Beitritt adliger Rittergeschlechter. Die in der Gilde zusammengeschlossenen Familien und Geschlechter bilden jenes Patriziat, das seit der zweiten Hälfte des 11. Jahrhunderts immer stärker auf eine Beteiligung an der Regierung und schließlich auf bürgerliche Selbständigkeit pocht.

Es sind nicht zuletzt jene Familien, die durch ihren Handelssinn Köln zu einer blühenden, wirtschaftlich starken und weit über die Grenzen des Reiches hinaus bekannten Stadt machen.

Ruhmvollster Beleg für die Bedeutung der Kölner Handelsleute im Rahmen der »Hanse« ist wohl die Kölner Gildehalle in London, später als Stalhof berühmt und erstmals erwähnt im Jahre 1157.

Alter Markt (Toussyn/Altzenbach, um 1660).

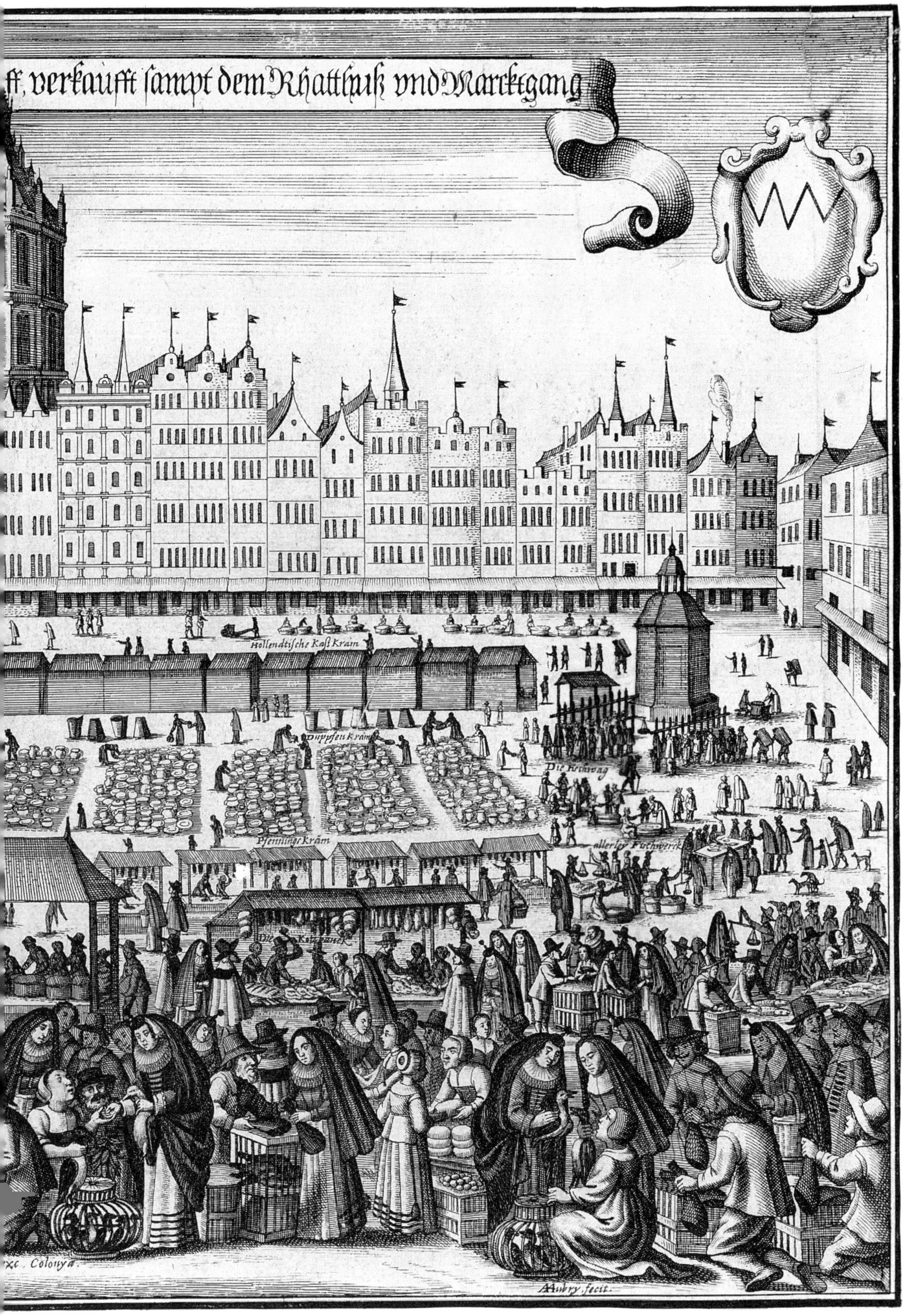

ff, verkaufft sampt dem Rhatthuß vnd Marckgang
Hollendtische Kaß Kram
Duppfen Kram
Pfennings Kräm
allerley Fischwerck
xc. Colonya.
A.Aubry fecit.

Altarbild in der alten Heilig-Kreuz-Kirche in der Stolkgasse (heute in St. Andreas), wo die Brauer den St. Peter von Mailand-Tag feierten. Das Bild war ein Geschenk von Kaiser Ferdinand III. an die Dominikaner.

Brauer, Bier und Bruderschaft

Der Schutzpatron St. Peter von Mailand

Das älteste schriftliche Zeugnis über das Brauen im Rheinland stammt aus der Zeit Karls des Großen. Er hielt die Herstellung eines guten Bieres für so wichtig, daß er in seinem Gesetzeswerk »Capitulare caroli magni de villis«, welches die Wirtschaftsordnung seines Reiches regelte, festlegte, daß seine Hofverwalter für eine ausreichende Belieferung seiner königlichen Pfalz mit Malz zu sorgen hatten. Außerdem sollten besonders spezialisierte Brauer stets zur Verfügung stehen.

Ein wahrhaft weiser Mann, dieser Kaiser Karl! Denn diese Anordnung besagte nicht mehr und nicht weniger, als daß neben der Verwendung von guten Rohstoffen sich auch kundige Handwerker hauptberuflich mit Bierbrauen zu beschäftigen hatten. Eine für die Brauer historische Entscheidung, denn hier beginnt die jahrhundertelange Tradition eines Gewerbes, über dessen Kölner Repräsentanten, die St. Peter von Mailand-Bruderschaft, an dieser Stelle zu berichten ist.

Die Ausbreitung des Christentums und das damit verbundene Anwachsen der Zahl der Klöster im Rheinland förderte nicht nur den Glauben. Auch das Brauhandwerk erlebte einen ersten starken Aufschwung. Bier war ein Lebensmittel für alle Stände, kirchliche wie weltliche. Eine Gemeinsamkeit zwischen Mönchen und Brauern erwuchs daraus. Sie übten das gleiche Handwerk aus und fühlten sich dem gleichen Glauben verpflichtet. Aus diesen gemeinsamen Quellen entstand auch die St. Peter von Mailand-Bruderschaft. Kölner Mönche und Brauer schlossen sich unter dem Patronat des heiligen Petrus von Mailand, eines Dominikaners, zu einer Vereinigung zusammen; die Brauer stellten sich und ihr Handwerk unter den Schutz dieses Heiligen.

Die Dominikaner kamen 1221 nach Köln. Ihr Kloster »zum Heiligen Kreuz« wird erstmals im Jahre 1233 als »conventus sanctae crocis in stolkengazen« (Stolkgasse) erwähnt. Der große Kirchenlehrer Albertus Magnus, ebenfalls ein Dominikaner, erbaut die zum Kloster gehörende Kirche. Hier leben und lehren dann so berühmte Ordensbrüder wie Antonius Senensis und Thomas von Aquin.

Auch Petrus von Mailand ist Dominikaner. Er wird am 6. April 1205 in Verona geboren, tritt schon als junger Mann in den Orden ein. Nach seinem Studium beginnt eine beachtliche Karriere. Er wird ein berühmter Prediger und später Prior. Schon zu seinen Lebzeiten ist er bekannt als Kämpfer für den wahren Glauben, als Streiter für die Einheit der Kirche. Auf einer Missionsreise zur Bekehrung von Glaubensabtrünnigen nach Mailand wird er 1252 in Farga bei Como ermordet. Sein Tod ist äußerst spektakulär und erregt großes Aufsehen und Betroffenheit in der ganzen christlichen Welt. Bereits ein Jahr nach seiner Ermordung – 1253 – wird er von Papst Innozenz IV. heiliggesprochen.

Es spricht vieles dafür, daß dieser populäre St. Peter von Mailand schon kurz nach seiner Heiligsprechung von der damals stark aufstrebenden Kölner Brauerzunft zum Schutzpatron erwählt wurde. Die heutige St. Peter von Mailand-Bruderschaft gibt das Jahr 1396, die Unterzeichnung des Verbundbriefes, als Gründungsjahr an. Da die Bruderschaft jedoch ihre Wurzeln im reli-

Abbildung aus der Holzvertäfelung des Kölner Brauer-Zunfthauses.

giösen Umfeld hat, ist anzunehmen, daß ihre Gründung bedeutend früher stattgefunden hat.

Die Kölner Brauer verstanden sich im Mittelalter immer als Streiter für die heilige katholische Kirche, der sie auch in Zeiten größter Bedrängnis treu und fest zur Seite standen.

Die Geschichte der Kölner Brauer bewegt sich in einem magischen Dreieck, das von folgenden drei Punkten gebildet wird:

- ★ Verbundenheit mit dem Glauben. Sichtbarer Ausdruck ist die Bruderschaft.
- ★ Handwerk und Handel im Rahmen der Zunft.
- ★ Der politische Arm in Gestalt der Gaffel.

Die Notwendigkeit, gemeinsam Interessen zu vertreten, führte zur Gründung der Handwerks-Bruderschaften. Man brauchte den Schutz der Heiligen und die Nähe zum Glauben. Man suchte und fand Heilige, die entweder durch ihre Lebensgeschichte oder ihr vorbildliches Verhalten einer Bruderschaft Schutz und Ansehen verliehen.

Um die Bedeutung des kirchlichen Beistands im öffentlichen Leben des Mittelalters zu verstehen, muß man wissen, daß keine wichtige politische, gesellschaftliche oder handwerkliche Veranstaltung stattfand, der nicht eine feierliche kirchliche Prozession mit anschließendem Hochamt mit sakramentalem Segen vorausgegangen war. Zunftangelegenheiten wie Wahl oder Einführung des Bannerherrn, Meisteressen, Aufnahme oder Lossprechung von Gesellen – alle für die Zünfte wichtigen Ereignisse wurden selbstverständlich mit einem Gottesdienst eröffnet.

Alle Zeremonien waren in der Zunftordnung genauestens festgelegt: Zum Beispiel, wie die einzelnen Finger bei der Eidesleistung zu halten waren und welche religiöse Symbolbedeutung jeder Finger hatte. So bedeutete der Daumen Gott Vater, der Zeigefinger den Heiligen Geist. Aus alten Zunftbüchern weiß man auch die Preise, die die einzelnen Eide kosteten. So hat der neue Amtsmeister Engel Hoekkeshouen im Jahre 1589 vor der Bruderschaft seinen Amtseid geleistet. Dafür mußte er vier Gold-Gulden zahlen. Wenn man bedenkt, daß ein Handwerker im Schnitt einen Jahresverdienst von 35 Gulden hatte, eine ganz schöne »Bearbeitungsgebühr«.

Es gab eine stattliche Anzahl kirchlicher und weltlicher Feste im Laufe eines Jahres für die Kölner Brauer. Alle wurden intensiv und mit großer Anteilnahme gefeiert. Das größte weltliche Fest war wohl der Holzfahrtag, das Marsiliusfest.

Die Zünfte zogen dann in Reih' und Glied, mit Pfeil und Bogen, zu Fuß und zu Pferd hinaus zum Ossendorfer Wäldchen. Hier wurden Scheiterhaufen errichtet und Freudenfeuer abgebrannt. Waren die Zünfte auch einzeln hinausgezogen, so kehrten sie abends spät in Fünferreihen gemeinsam durch das Eigelsteintor zurück in die Stadt. Dort zog man sich in die einzelnen Zunfthäuser zurück und zechte die ganze Nacht.

Ein weiteres hohes Fest war die Petri-Kettenfeier, im Volksmund »Peter Vinkels-Tag« genannt. Ein »Straßenfest« nach heu-

St. Andreas, Patronatskirche der Kölner Brauer. Stahlstich von 1836 aus einer Serie Kölner Kirchen von Ludwig Lange (Stich Schott).

tigem Sprachgebrauch. Man traf sich am Abend, zündete Teertonnen und Scheiterhaufen an, tanzte und sprang durch die Flammen. Die Nachbarschaft saß zusammen, aß und trank unter freiem Himmel die Nacht hindurch.

Auch hier feierte die Bruderschaft kräftig mit. Sie war nicht nur für die Herstellung des Bieres verantwortlich. Sie half auch aufopferungsvoll beim Verzehr.

Die Feste der St. Peter von Mailand-Bruderschaft waren »Kreuzerfindung« am 3. Mai, »Kreuzerhöhung« am 14. September und – als Höhepunkt des Jahres – der »St. Peter von Mailand-Tag« am 29. April. Man zog in feierlicher Prozession zur Heilig-

Huldigung an Gambrinus: zu seinen Füßen ein Hofnarr mit Kölner Wappen und Köbes.

Kreuz-Kirche in der Stolkgasse, voran die Statue St. Peters. Dort wurde das Hochamt mit sakramentalem Segen vor dem Altarbild gefeiert, das Kaiser Friedrich III. 1475 den Dominikanern gestiftet hatte und auf dem sich das erste sichtbare Zeugnis der Bruderschaft befindet, das Bildnis St. Peters mit Widmung. Heute ist das Altarbild in St. Andreas zu sehen.
Am 11. Oktober 1693 stiftete die Witwe des Bannerherrn und Ratsmitgliedes Johann Pulheim, Ursula, geborene Hermanni, eine Summe von 300 Reichstalern. Zweck der Stiftung war eine Aufwertung des Patronatsfestes.
Dies bedeutete im einzelnen: Feierliches Hochamt wie bisher, aber zusätzlich Chorgesang, die Anwesenheit des gesamten Dominikanerkonvents, sakramentaler Segen und Fürbitte für die verstorbenen Mitglieder der Bruderschaft. Außerdem – nach dem Gottesdienst – ein Festmahl und Wein (!) für alle. Die Stiftungssumme wurde bei der Freitags-Rentkammer, der Stadtkasse, hinterlegt. Sie ging in der Franzosenzeit verloren, wie so vieles in jenen Jahren.
Im Laufe der Jahre verflachte dieser gute Festbrauch immer mehr, so daß man im Jahre 1746 dazu überging, den damals immerhin 126 Mitgliedern statt des Bruderschaftsessens die Summe von zwei Reichstalern in bar auszuzahlen.
Diesem unwürdigen Treiben machten die französische Besetzung Kölns im Jahre 1794 und die Auflösung der Zünfte im Jahre 1797 ein Ende. Das jährliche Patronatsfest mit Hochamt blieb allerdings bestehen. Die St. Peter von Mailand-Bruderschaft überlebte als einzige der vielen Handwerkervereinigungen Kölns die Abschaffung der Zünfte. Man rückte den St. Peter etwas in den Hintergrund und nannte sich unverfänglicher »Cölner Brauer Corporation«.
Eine glückliche Schicksalsfügung bescherte der St. Peter von Mailand-Bruderschaft einen Mann, der sich unschätzbare Verdienste um die Sache der Kölner Brauer erwarb: Wilhelm Scheben, geboren am 22. April 1812. Er war der Sohn einer Urkölner Familie, welche am Maria-Ablaß-Platz die Traditionsbrauerei »Auf Rome« besaß. Wilhelm Scheben war Kölner Brauer mit Leib und Seele. 1849 wurde er Präses (Vorsitzender) der St. Peter von Mailand-Bruderschaft, 1869 in Personalunion auch Präfekt und Rendant.
Seine ganze Liebe galt der Kölner Brauer-Historie. Aus seiner Feder stammen die zwei Standardwerke über die Zunft der Kölner Brauer (1875 und 1880), die Geschichte der St. Peter von Mailand-Bruderschaft (1866/68) und die der 400 Jahre alten Brauerei »Auf Rome« (1868). Alle, die jemals über Kölner Bier geschrieben haben, wissen, was sie Wilhelm Scheben zu verdanken haben.
Als 1872 die Würfelpforte dem wachsenden Stadtverkehr weichen mußte, und als auch die alte Brauerei verschwand, zog sich Scheben zurück, um sich seinen historischen Studien und seinem Landtagsmandat zu widmen. Für die Bruderschaft hatte er zuvor im Jahre 1869 die alte Stiftung zur festlichen Feier der Patronatsmesse am 29. April erneuert und erzbischöflich beglaubigen lassen. Sein wahrscheinlich wertvollstes Werk ist übrigens die Geschichte des Zunfthauses der Brauer.
Was ist geblieben seit den Zeiten der mittelalterlichen Brauerherrlichkeit?
Das ideelle Erbe konnte keine Kriegseinwirkung zerstören: Eine Tradition, die gepflegt und gelebt wird, das Interesse der Bürger dieser Stadt an der Geschichte und den Geschichten über das Kölsch-Brauen und die Brauer und letztendlich eine florierende kölsche Bierlandschaft.
Und was macht die St. Peter von Mailand-Bruderschaft nach 735 Jahren? Sie feiert nach wie vor ihr Patronatsfest am 29. April mit einem Gottesdienst in St. Andreas. Ferner treffen sich die Mitglieder allmonatlich zum angeregten Gespräch beim Kölsch über Kölsch.
Um es noch einmal zu erwähnen – die Kölner Brauer waren ja nicht nur in der Herstellung des Kölsch-Bieres führend, sondern auch beim geselligen Umtrunk. An dieser Tradition hat sich auch nach 735 Jahren wenig geändert . . .

Haus Schildergasse No 96.
Ehmalige Brauerzunft.

Das Brauerzunfthaus

Erst 1928 wurde es abgerissen

Die Kölner Brauer erwarben 1430 ihr erstes Zunft- und Gaffelhaus, das »Slackhuyss«, dicht am Rhein. 1494/96 zogen sie indessen in das neuerworbene »Haus Mirweiler« an der Schildergasse 97 um, das sich in der Tiefe bis zur Brüderstraße erstreckte. Hier bewirteten die Brauer am 23. Juni 1505 sogar Kaiser Maximilian I. aufs beste.

Nach Auflösung der Zunft wurde das Haus französisches Nationaleigentum. 1802/04 war es das erste protestantische Gotteshaus in Köln. Nachdem es durch kaiserliches (napoleonisches) Dekret im November 1808 der Stadt geschenkt worden war, diente es als Volksschule, ab 1822 als Zeichenschule und 1843 bis 1862 als Heim des Kölner Männer-Gesang-Vereins. Daraufhin richtete die Firma C. Leybold Nachf. hier Lagerräume ein. Im Frühjahr 1928 wurde das Haus zum Zweck eines Neubaus niedergelegt, wobei einzelne Bauteile zur späteren Wiederverwendung aufbewahrt worden sind.

Das Zunfthaus war ebenso einfach wie gediegen eingerichtet – großer Prunk war die Sache der Brauer nicht. Als »monumentalstes Beispiel der typischen Dekorationsweise« solcher Versammlungshäuser wird die alte stucküberzogene Balkendecke im Obergeschoß (von 1613) erwähnt, außerdem ein »Prachtkamin« aus Kacheln, der Mitte des 19. Jahrhunderts nach Paris verbracht worden ist. Erhalten geblieben (und im Kölnischen Stadtmuseum an der Zeughausstraße zu sehen) sind vier Porträts von Bannerherren, ein Fahnenhalter, sechs barocke Wappenscheiben, eine gußeiserne Kaminplatte und ein Holzrelief des Schutzheiligen.

Im Urteil der Kunsthistoriker heißt es über das Brauerzunfthaus: »Es bot nicht nur ein verhältnismäßig guterhaltenes Beispiel eines Kölner Zunftsaales, sondern ein in seiner Übereinstimmung zwischen Außenseiten und innerer Konstruktion besonders lehrreiches und eindrückliches Beispiel des Kölner Profanbaues überhaupt . . .«

Von mittelalterlichen Meister-Essen der Brauerzunft, die nicht unerwähnt bleiben sollen, sind uns etliche Einzelheiten überliefert. In der Regel bestand ein solches Essen aus 40 Pfund frischem und 24 Pfund geräuchertem Ochsenfleisch, 24 Pfund Schinken und 40 Pfund Kalbfleisch, aus 16 Pfund holländischem Käse und Riesenmengen an Bier und Wein. Im allgemeinen nahmen zwischen 100 und 120 Brauer (nebst Frauen) teil.

Über eine solche Meister-Feier lesen wir: »Zunächst wurde eine große Schüssel mit gebratenem Schinken herumgereicht, dann machten zehn Schüsseln die Runde, die angefüllt waren mit Hühnerfleisch, Lammfleisch, Wurst, Kappes und Pasteten. Weiter gab es gebratene Hasen, Rehe und Wildschwein. Wer dann noch mochte, konnte den Appetit an Kapaunen, Schnepfen, Feldhühnern, Wachteln, Enten und anderen Vögeln stillen. Wer dann noch nicht satt war, aß Kuchen, Äpfel, Birnen und Haselnüsse . . .«

Beinahe überflüssig, den nachfolgenden Zusatz zu erwähnen: »Die Getränke, meist Bier, wurden in gläsernen und irdenen Pötten gereicht. Unablässig prostete man sich zu.«

Die Zunft-Bewirtungen und die »Banneressen« wurden mit der Zeit immer aufwendiger, so daß Hermann von Weinsberg sich (1589) ernsthaft die Frage stellte, wie weit man es mit dem Luxus denn noch zu treiben gedenke: »Vor rund 40 oder 50 Jahren pflegte man mit einer Schüssel auf einem Tische anzurichten, vier oder fünf Mal; es kam auch, daß die Schüsseln so groß gemacht waren, daß Kerbe in die Thürpfosten geschnitten wurden und Burgen oder Haufen von Fleisch und Gebratenem in die Schüssel kamen. Wozu dient doch der Überfluß, die ungeheuern Kosten? Es ist das nicht bürgerlich, noch freundlich. Der Mittelbegüterte will dem Reichen in nichts nachstehen; der Arme muß nachstehen. Aus Antwerpen und den Niederlanden ist Überfluß in das Land gekommen; ob unsere Nachkommen sparen wollen und müssen, werden sie schon erfahren.«

Das Brauer-Zunfthaus (Ansicht von der Brüderstraße) während des Abbruchs. Foto: 4. Juli 1928.

Als Maximilian I. bei den Kölner Brauern versackte

Das Jahr 1505 rückte die Zunft der Kölner Brauer einige Stunden in das Licht kaiserlichen Glanzes, wenn auch – wie Spötter behaupten – der Zufall mitspielte in Gestalt eines Wolkenbruchs.
1505 fand in Köln ein Reichstag statt, den Maximilian I. besuchte und der Anlaß zu unserer Geschichte war. Maximilian war zu jener Zeit »Römischer König«, erst 1508 nahm er den Kaisertitel an. Sein Vater, Kaiser Friedrich III., muß bereits ein Köln-Fan gewesen sein: Nicht weniger als siebenmal weilte er in der Stadt am Rhein, und jedesmal vermeldet die Chronik rauschende Feste auf dem Tanzhaus Gürzenich. Dort wurde (1477) auch die Vermählung Maximilians mit Maria von Burgund, Tochter Karls des Kühnen, gefeiert – und auch dies nicht zu knapp. Maximilian war Köln und den Kölnern also alles andere als fremd.
Er war eine äußerst eindrucksvolle Persönlichkeit, liebenswürdig, fromm, intelligent, an Wissenschaft und den schönen Künsten hoch interessiert. Er selbst hat sich mehrfach als Buchautor betätigt.
Allerdings schilderte ihn der berühmte Diplomat Macchiavelli als sprunghaft und als einen Mann, der nicht mit Geld umgehen könne.
Maximilian war volkstümlich und sehr beliebt bei den einfachen Leuten. Vielleicht erklärt dies auch eine spontane Einkehr bei den Kölner Brauern im Zunfthaus auf der Schildergasse. Das Zunfthaus muß zur da-

maligen Zeit ein Schmuckkästchen gewesen sein, angefüllt mit künstlerischen Kostbarkeiten.

In solcher Umgebung muß sich Maximilian, der ein Freund der Künste und der Künstler war, äußerst wohlgefühlt haben. Er war auch mit Albrecht Dürer befreundet Das in diesem Kapitel abgebildete Porträt Maximilians stammt von Dürer.

Im Jahre 1505 wohnte Maximilian im Walbot-Bornheim'schen Hause auf der Brükkenstraße (heute Nr. 12). Natürlich wollte die Freie Reichsstadt Köln, an ihrer Spitze damals der Bürgermeister Johann von Berchem, sich Maximilian und seinem Gefolge von seiner besten Seite zeigen. Man lud R.K.M (Römische Königliche Majestät) zu einem großen Festbankett »op der statt Graven by die Bachportze« ein. Es war Montag, dem 23. Juni 1505, Mittsommertag am Fest »Johans Advent«. Für Maximilian wurde er, wenn wir ein paar kühne Schlüsse ziehen, zu einem »blauen Montag«.

Versuchen wir anhand der Mercator-Karte aus dem Jahre 1571, dem ausführlichsten Köln-Plan des Mittelalters, den Ablauf der Geschehnisse zu rekonstruieren.

Von seinem Quartier in der Brückenstraße ritt Majestät mit Gefolge in Richtung Neumarkt. In einer wörtlich übersetzten Schilderung aus dem Mittelhochdeutschen heißt es: »Und da ging die Römische Königliche Majestät auf ein Pferd sitzen, und hinter seiner königlichen Majestät eine Herzogin von Lüneburg und Reden also hin. Und als sie in Richtung Neumarkt kamen, regnete es so sehr, daß die Römische Königliche Majestät vor dem Regen in die Brauer-Gaffel weichen mußte – und daß war durch den langen Regen verhindert, daß die Rö-

Blick in das Innere des Zunfthauses der Brauer mit der kostbaren Decke im Festsaal.

Zur Orientierung für die Geschichte von Maximilian I. und dessen Ritt zu den Brauern einige markante Punkte auf dem Mercator-Stadtplan von 1571: Rathausturm [1], *St. Kolumba/Brückenstraße* [2], *Antoniter-Kirche/Schildergasse* [3] *und Neumarkt* [4].

mische Königliche Majestät nicht dahin (gemeint ist das Festbankett) kam wegen einer Verspätung von 9 Stunden.«
Soweit die Historie. Nun beginnt die Spekulation, die aber durch verschiedene geschichtliche Fakten und durch die Lebenserfahrung erhärtet wird. Die Brauer erkannten sofort die Gunst der Stunde. Sie luden Maximilian in ihr Zunfthaus ein. Dort bewirteten sie ihn mit Speis und Trank – vom allerbesten, versteht sich. Das improvisierte Mahl soll der Schilderung nach etwa 9 Stunden gedauert haben. Ob nun das Gewitter so lange anhielt, oder ob die Bewirtung so vortrefflich war, ist nicht bekannt. Eines jedoch weiß man: Zum Festbankett des Bürgermeisters, bei dem auch Herzoginnen, Gräfinnen und viele »edle Jungfrauen« anwesend waren, ist Maximilian nicht mehr erschienen. Die offizielle Erklärung lautete: »Durch Regen verhindert.«
Der Vorfall hatte noch ein Nachspiel. Zurückgekehrt in seine Residenz nach Augsburg, orderte Maximilian gleich zwei Faß Kölner Bier zu seinem persönlichen Verzehr. Es muß ihm also derart gut geschmeckt haben, daß er auch im fernen Augsburg nicht auf das Kölsche Bier verzichten wollte. Historisch belegt ist die Lieferung im Ausgabenbuch der Mittwochs-Rentkammer zu Köln von 1500 bis 1511. Das Bier und die Frachtkosten gingen zu Lasten der Stadt Köln.
Der Herrscher revanchierte sich durch Wiederkommen. Bei seinem nächsten Aufenthalt in Köln im Jahre 1507 – wieder anläßlich eines Reichstages – logierte er im Hause »Heimbach« (Ecke Glockengasse und Herzogstraße), des »seligen Johann Engelbrechs« Haus. Hier wohnte während des ersten Köln-Aufenthaltes seine Tochter Margarete. Wahrscheinlich hat sie ihrem Vater dieses Quartier empfohlen. Es galt zur damaligen Zeit als eines der größten und schönsten Häuser von Köln.
Noch eine Kuriosität zum Schluß: Da die Straßen der Stadt im Mittelalter eher Abwasserkanälen als Fußgängerzonen glichen, ließ der Magistrat dem Kaiser an seinem Domizil eine Brücke von einer Straßenseite zur anderen bauen, damit er in seinen kostbaren Gewändern täglich trocknen Fußes in St. Kolumba die heilige Messe besuchen konnte . . .

Aus Anton Woensams Stadtansicht (1531) von Köln: Am Ufer des Rheins haben oberrheinische (mit hohem, bauchigem Bug) und niederrheinische (flache) Schiffe festgemacht. Auf einigen von ihnen mögen sich die »schwimmenden Tabernen« befunden haben.

Von Heckenzäppern, Hockenbräuern und schwimmenden Tabernen

Die illegale Brauer-Konkurrenz

Es kommt vor, daß in Kölner Kneipen ein Gast seinen Stammwirt scherzend einen »Heckenzäpper« nennt. Er will damit seinen Unmut zum Ausdruck bringen, wenn dieser ein wenig sparsam gezapft hat oder etwas faul im Nachfüllen war. Heute ist der Begriff »Heckenzäpper«, »Hecken-« oder auch »Hockenbrauer« nicht mehr sehr geläufig, aber einige ältere Gäste meinen, sie hätten diesen Ausdruck »fröher, ävver janz fröher« öfter gehört.
Heckenwirte hießen früher die »Zäpfer«, die das Brauerhandwerk nicht innerhalb der Zunft erlernt hatten. Sie hatten nicht ihre vier Lehrjahre und zwei Gesellenjahre bei einem der Kölner Brauerzunft angehörenden Braumeister gemacht und auch nicht die anschließende Meisterprüfung abgelegt. Darum mußten sie ihr illegales Gewerbe versteckt »hinter den Hecken« ausüben.
Man muß von der Tatsache ausgehen, daß seit dem frühen Mittelalter jede Familie das Bier für den Eigenbedarf selbst braute. Daneben entstanden auch die ersten professionellen handwerklichen Brauereien, die ihr Bier im Ausschank verkauften. Sie waren seit 1438 namentlich nachweisbar in einer Zunft organisiert.
Da die Stadt Köln auf das von den Brauern verzapfte Bier eine Steuer, den Bierpfennig, erhob (erstmals erwähnt im Jahre 870!), achtete diese streng darauf, daß sich kein Fremder in den Markt einschalten konnte. Über die Einhaltung aller Pflichten wachte die Zunft, Brauamt oder »Brewambt« genannt. Es sorgte auch für das Eintreiben des Bierpfennigs. Da es aber viele Ausnahmefälle von Steuerbefreiung gab – die Brauhäuser der Klöster, Konvente, Kirchen und selbst die damaligen Bursen der Kölner Universität zahlten keinen Bierpfennig – kam es sehr oft zu Streitigkeiten.
Auch das Brauen für den Eigenbedarf war steuerfrei. Da war die Versuchung groß, mal hin und wieder ein paar Liter nebenher nach nebenan zu verkaufen. Darüber waren Brauamt und Brauer entsprechend erzürnt. In einer Beschwerde des Brauamtes gegenüber dem Rat vom 16. März 1556 heißt es wörtlich: ». . . daß Niederländer sich unterstanden, Tabernen und Bierzapfen vor der Stadt in den Schiffen auf dem Rhein zu halten«. Diese Form zollfreier Konkurrenz war den Brauern nun überhaupt nicht recht. Umgekehrt war es den Zunftbrauern verboten, an die Heckenzäpper Bier zu liefern. Der Rat verhängte hohe Strafen, wenn jemand erwischt wurde: Zwanzig Goldgulden waren um diese Zeit auch für einen Brauer sehr viel Geld.
Doch waren wie immer Vorschriften dazu da, um übertreten, umgangen oder mit List und Pfiffigkeit zum eigenen Nutzen angewandt zu werden. Erst durch die Einführung der Konzessionspflicht im Jahre 1890 durch die preußische Regierung wurde den Heckenzäppern im wahrsten Sinne das Handwerk gelegt. Vorher hatten die Brauer mehrfach vergebens versucht, die wachsende Zahl der Kneipen-Konzessionen mit Hilfe der Obrigkeit einzudämmen. Nachdem sie den monopolistischen Schutz der Zunft mit deren Auflösung verloren hatten, sahen sie sich einem Wettbewerb gegenüber, der – wie sie meinten – ihren Brauhäusern an die Substanz gehen mußte.

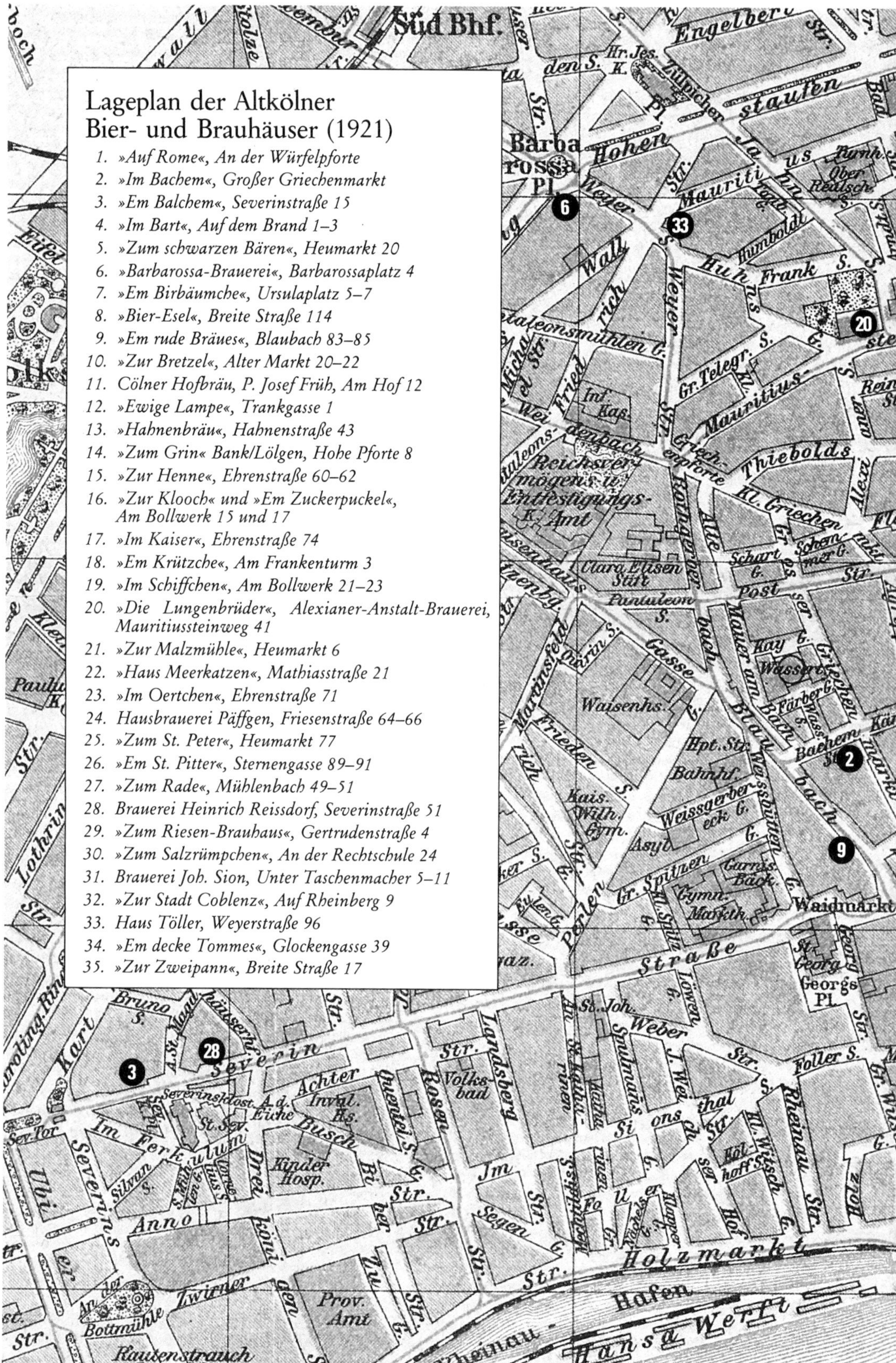

Lageplan der Altkölner Bier- und Brauhäuser (1921)

1. *»Auf Rome«, An der Würfelpforte*
2. *»Im Bachem«, Großer Griechenmarkt*
3. *»Em Balchem«, Severinstraße 15*
4. *»Im Bart«, Auf dem Brand 1–3*
5. *»Zum schwarzen Bären«, Heumarkt 20*
6. *»Barbarossa-Brauerei«, Barbarossaplatz 4*
7. *»Em Birbäumche«, Ursulaplatz 5–7*
8. *»Bier-Esel«, Breite Straße 114*
9. *»Em rude Bräues«, Blaubach 83–85*
10. *»Zur Bretzel«, Alter Markt 20–22*
11. *Cölner Hofbräu, P. Josef Früh, Am Hof 12*
12. *»Ewige Lampe«, Trankgasse 1*
13. *»Hahnenbräu«, Hahnenstraße 43*
14. *»Zum Grin« Bank/Lölgen, Hohe Pforte 8*
15. *»Zur Henne«, Ehrenstraße 60–62*
16. *»Zur Klooch« und »Em Zuckerpuckel«, Am Bollwerk 15 und 17*
17. *»Im Kaiser«, Ehrenstraße 74*
18. *»Em Krützche«, Am Frankenturm 3*
19. *»Im Schiffchen«, Am Bollwerk 21–23*
20. *»Die Lungenbrüder«, Alexianer-Anstalt-Brauerei, Mauritiussteinweg 41*
21. *»Zur Malzmühle«, Heumarkt 6*
22. *»Haus Meerkatzen«, Mathiasstraße 21*
23. *»Im Oertchen«, Ehrenstraße 71*
24. *Hausbrauerei Päffgen, Friesenstraße 64–66*
25. *»Zum St. Peter«, Heumarkt 77*
26. *»Em St. Pitter«, Sternengasse 89–91*
27. *»Zum Rade«, Mühlenbach 49–51*
28. *Brauerei Heinrich Reissdorf, Severinstraße 51*
29. *»Zum Riesen-Brauhaus«, Gertrudenstraße 4*
30. *»Zum Salzrümpchen«, An der Rechtschule 24*
31. *Brauerei Joh. Sion, Unter Taschenmacher 5–11*
32. *»Zur Stadt Coblenz«, Auf Rheinberg 9*
33. *Haus Töller, Weyerstraße 96*
34. *»Em decke Tommes«, Glockengasse 39*
35. *»Zur Zweipann«, Breite Straße 17*

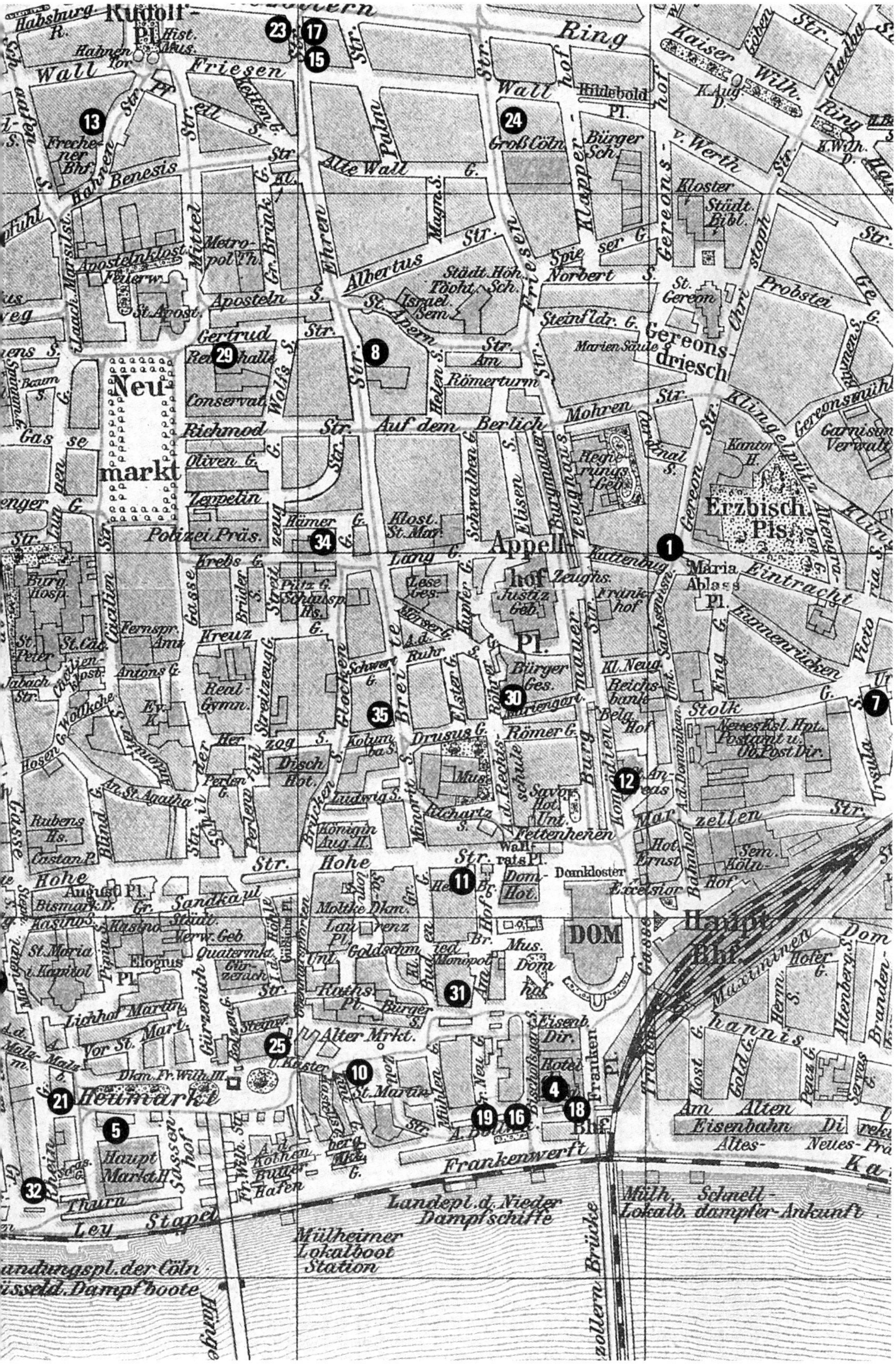
Habsburg R.
Rudolf-Pl.
Hist. Mus.
Hahnen Tor
Wall
Friesen
Ring
Kaiser Wilh. Ring
Hildebold Pl.
K.Aug. D.
K.Wilh. D.
Frechener Bhf.
Hahnen Str.
Benesis Str.
Alte Wall G.
Palm Str.
Groß Cöln
Bürger Sch.
v. Werth Str.
Kloster
Städt. Bibl.
Apostelnklost.
Feuerw.
St. Apost.
Metropol Th.
Mittel Str.
Gr. Brink G.
Ehren Str.
Albertus Str.
Magn. S.
Städt. Höh. Tocht. Sch.
Israel. Sem.
Friesen Str.
Spieser G.
Norbert
St. Gereon
Probstei
Aposteln Str.
St. Apern Str.
Steinfl. dr. G.
Gertrud
Reithalle
Conservat.
Wolfs S.
Marien Säule
Gereonsdriesch
Am Römerturm
Neu markt
Richmod Str.
Auf dem Berlich
Mohren Str.
Klingelpütz
Gereonsmühl.
Garnison Verwalt.
Oliven G.
Zeppelin
Helen S.
Schwalben G.
Elisen S.
Burgmauer
Zeughaus
Regnerings Geb.
Kardinal S.
Kantor H.
Erzbisch. Pl.
Polizei Präs.
Römer G.
Klost. St. Mar.
Appellhof Pl.
Justiz Geb.
Zeughs.
Maria Ablass Pl.
Eintracht
Burg Hosp.
Krebs G.
Lang G.
Zuttenburg
Franken hof
Brüder S.
Pütz G.
Schausp. Hs.
Lese Ges.
Cäcilien Str.
St. Peter
St. Cäc.
Fernspr. Amt
Kreuz G.
Streitzeug G.
Schwert G.
Breite Str.
Ruhr
Elster G.
Bürger Ges.
Kl. Neug.
Reichsbank
Unt. Sachsenh.
Eng. G.
Stolk
Neues Ksl. Hpt. Postamt u. Ob. Post Dir.
Ursula
Victoria
Antons G.
Real Gymn.
Glocken G.
Marieng.
Belg. Hof
Ev. K.
Herzog S.
Kolumba S.
Drusus G.
Römer G.
Disch Hot.
Perlen G.
Ludwig S.
Minoriten S.
Mus.
Rechtsschule
Savoy Hot.
Unt. Fettenhennen
Komödien Str.
St. Andreas
Marzellen Str.
Rubens Hs.
Castan P.
St. Agatha
Richartz S.
Königin Aug. H.
Hohe Str.
Wallrafs Pl.
Dom Hot.
Domkloster
Excelsior
Hot. Ernst
Sem. Köln. Hof
Bahnhof
Hohe
August Pl.
Sandkaul
Bismark D.
Kasino
Städt. Verw. Geb.
Moltke Dkm.
Laurenz Pl.
DOM
Haupt Bhf.
Dom hof
Maximinen Str.
Goldschm.
Monopol
Mus.
St. Maria i. Kapitol
Elogius Pl.
Quatermrkt.
Gürzenich
Raths Pl.
Bürger S.
Lichhof
Martin
Vor St. Mart.
Alter Mrkt.
Eisenb. Dir.
Hotel
Franken Pl.
Trank G.
Johannis
Hofer G.
Altenberg. S.
Dkm. Fr. Wilh. III.
Heumarkt
St. Martin
Bischofsgarten
Am Alten Eisenbahn
Altes-
Neues-
Haupt Markt H.
Sassenhof
Fr. Wilh. Str.
A. d. Rothen
Butter Hafen
Frankenwerft
Thurn
Ley
Stapel
Landepl. d. Nieder Dampfschiffe
Mülh. Schnell-Lokalb. dampfer-Ankunft
Mülheimer Lokalboot Station
Landungspl. der Cöln Düsseld. Dampfboote
Hohenzollern Brücke
1
4
5
7
8
10
11
12
13
15
16
17
18
19
21
23
24
25
29
30
31
32
34
35

»Kölnische Wirtschaft Lölgen«, Aquarell von Josef Passavanti von 1905. Es handelt sich um das auf der Seite 66 beschriebene Brauhaus »Zum Grin«, Bank/Lölgen.

Stockfisch, Hirsch und Hasen

Alte Kölner Brauhausnamen

In München steht ein Hofbräuhaus... Und in Köln? Es gab zwar ein »Brauhaus München« An der Rechtschule, aber das hieß nur München, weil es von Mönchen, nämlich den Franziskanern, seinen Namen hatte. Die lebten im Minoritenkloster an der Ecke Rechtschule und Richartzstraße, auf dem Grundstück, wo sich im ehemaligen Bau des Wallraf-Richartz-Museums das Museum für Angewandte Kunst befindet. – Das Cölner Hofbräuhaus kennt jeder. Es ist das heutige Brauhaus Früh. Die Adresse lautet Am Hof 12 – und daher heißt es gelegentlich Hofbräuhaus.
Für die vielen alten Brauhausnamen wurde meist nicht der Name des Brauers angenommen, sondern der des Brauhauses, der den Familiennamen des Gründers oft um Jahrhunderte überlebt hat. 21 Brauhausnamen aus dem Jahre 1412 sind in den Magistratsakten enthalten.
Sehr beliebt waren Tiere aller Art, vom kleinsten, dem »Eichhorn«, bis zum größten, dem »Elephant«. Vögel waren als Zeichen besonders begehrt, von der »Krehen« (Krähe) über den »Raben«, den »Schwanen«, den »Hahnen«, den »Falken« bis zum König der Lüfte, dem »Adler«.
Der König der Tiere, der »Löwe«, war gleich zweimal vertreten – der rote und der goldene – und natürlich auch das »Lamm«. »Ochsen«, »Esel« und »Stockfisch« gaben ihre Namen her. Raubtiere wie »Bär« und »Wolf« wurden zu Brauhausnamen gezähmt. Das Wild war durch »Hirsch« und »Hasen« vertreten.
Wild zu ging es im Brauhaus »Zum wilden Mann«, »Zur harten Faust« ebenso wie im »Tollhaus«, obwohl es sich hier wohl eher um ein Zollhaus gehandelt hat.
Ganz aus dem mittelalterlichen Leben entstammten die Namen »Zum Reuter«, »Zum Ritter«, »Zum Hufeisen« und »Zum Sporenmacher«. Am Firmament der Kneipen leuchteten die Brauhäuser »Zum Himmelreich«, »Zum goldenen Stern« und »Zum halben Mond«.
Mehr irdisch waren die Bezeichnungen, welche einfach den Standort, die Adresse angaben: »Zum hölzernen Steeg«, »Zum St. Peter«, »Zum Pütz« (Brunnen), »Zum langen Gang«, »Oben Mauern« (Griechenmarkt), »Auf Rome«, »Im Bollig«, »Zur Spitzen«, »Auf dem Berg« und – etwas irritierend – »Zum roten Brauhaus auf den weißen Frauen«. Aber auch letztere Bezeichnung läßt sich leicht erklären: Die »weißen Frauen« waren die Nonnen des Klosters Maria im Kapitol. Einfacher sind »Zum Kranz«, »Zum Mühlenstein«, »Zum Bart«, »Zur Rübe« und »Zum Holz« zu begreifen. In der preußischen Zeit ab 1815 wurden die Namen vaterländisch oder vaterstädtisch. Es gab »Germania« oder »Rhenania«, »Hansa«, »Drei Kronen«, »Colonia« und sogar ein »Kaiser«-Brauhaus, allerdings nicht nach dem Preußenkaiser benannt, sondern nach seinem Besitzer Hubert Kaiser. Fromme Namen, wie »Allerheiligenbräu«, das »Brauhaus zum Engel« und die »Dombrauerei« kamen ebenfalls vor. »Balsam« für den »Durst« – beides gab es ebenfalls in Köln.
Man betrachte dagegen die Namen der Gaststätten von heute in ihrer relativen Einfallslosigkeit...

»Auf Rome«, An der Würfelpforte

»Up ruim« – so hieß die alte Brauerei ursprünglich. Sie lag an der Würfelpforte, einem alten Stadttor, welches Woirpils – oder Wurfels –, also Wurfpfeilspforte hieß. Dieses ehemalige Stadttor war der Teil der Stadtbefestigung, wo die Bogen- oder Wurfpfeilschützen stationiert waren. An dieser Stelle steht heute der Börsenbrunnen – zwischen Unter Sachsenhausen (den »sechzehn Häusern«) und der Gereonstraße. Ein Teil der alten, zweiten Stadtmauer aus dem 12. Jahrhundert führte auf dieser Stadtseite vom Kunibertstor am Rhein über die Eintrachtstraße und den Kattenbug am Zeughaus zur alten Römermauer (Burgmauer).

Das Haus »Auf Rome« wurde gleichzeitig mit dem Würfeltor gegen 1180 errichtet. Die erste Erwähnung des Brauhauses stammt vom 29. Juni 1468, als Johann von Laach, der Brauer, und Gretchen, seine Frau, das Haus »Rome« übertragen bekamen mit der Maßgabe, aus dem »alden Backhuys« ein Brauhaus zu machen.

Die Brauerei »Auf Rome« wäre also heute 520 Jahre alt, wenn nicht die Gebäude der gesamten Turmanlage im Jahre 1872 für 1400 Taler an die Stadt verkauft worden wären. Diese ließ sie noch im selben Jahr abreißen, um dem Großstadtverkehr mehr Platz zu schaffen.

Damit war auch die Uhr für die Traditionsbrauerei »Auf Rome« abgelaufen. Sie hatte über 400 Jahre in Köln Bier gebraut. Ihrem letzten Besitzer, dem Brauer Wilhelm Scheben, verdanken wir die meisten Daten und Fakten über das Kölner Brauwesen. Er war nicht nur Brauer, sondern auch Historiker und Chronist. Außerdem war der vielseitige Brauer Scheben auch noch Mitglied des preußischen Landtags.

Die Bierbrauerei von Wilhelm Scheben mußte 1872 dem Großstadtverkehr weichen. Das Haus ist auf diesem Foto bereits geräumt und wartet auf die Abrißkolonne.

»Im Bachem«, Großer Griechenmarkt

Das alte Griechenviertel ist durch die Kriegszerstörungen und den Bau der Nord-Süd-Fahrt aus dem städtischen Zusammenhang gerissen worden. Es fristet abseits der Innenstadt ein fast beschauliches Dasein. Das war nicht immer so.

Was der Griechenmarkt (es gibt den Großen und den Kleinen) mit »Griechen« zu tun hat, ist umstritten. Eine Deutung führt zurück zu der Kaiserin Theophanu, Mutter Ottos III., die 991 starb und in St. Pantaleon beigesetzt wurde. Die oströmische Kaisertochter soll eine ganze griechische Handwerker- und Künstlerkolonie im Schatten von Pantaleon angesiedelt haben. Darauf weist auch der Name »Griechenpforte« hin. Historiker verwiesen aber auch auf die Wurzel »Crieg« (Krieg), und das nicht von ungefähr: 1371 wurde am Griechenmarkt der Weberaufstand blutig niedergeschlagen.

Am Griechenmarkt, wo übrigens auch das Geburtshaus von Jacques Offenbach stand, findet sich das Haus »Im Bachem«, das nach dem Bombenkrieg allein noch aus der Trümmerwüste ragte.

Das Haus wurde, wie die Maueranker in der Doppelgiebel-Fassade auswiesen, im Jahre 1590 erbaut.

Der Ursprung der Besiedlung liegt im Saphirshof (Hof Bachem), einem Stadthof mit großem Garten. An das Haus aus dem Ende des 16. Jahrhunderts schloß sich ein kleines Seitenhaus an, welches auf unserem Foto aus dem Jahre 1910 leider nicht zu sehen ist.

Wie lange »Im Bachem« ein Brauhaus bestand, ist nicht bekannt. Der erste bekannte Brauer war Anton Baum (1838), der letzte Peter Walter (1880).

Auf dem Foto beherbergt das Haus die Restauration von Gottfried Metternich. Das Kölsch stammte aus der Brauerei Creischer. Auf einem anderen Foto aus dem Jahre 1920 macht das Haus bereits einen sehr verwahrlosten Eindruck.

Heute ist das Haus »Im Bachem« kein Gasthaus mehr, aber eines der am besten restaurierten alten Traditionshäuser Kölns. Es gehört in eine Reihe mit der »Bretzel« am Alter Markt und dem »Haus Balchem« an der Severinstraße.

Das Haus »Bachem« am Großen Griechenmarkt ist heute eines der wenigen verbliebenen Zeugnisse alter Bürgerhaus-Architektur Kölns. Unser Bild zeigt das Haus in den zwanziger Jahren.

Das Haus »Balchem« auf der Severinstraße ist auch heute noch in dieser Form zu sehen. Statt einer kölschen Wirtschaft beherbergt es heute eine Bücherei.

Bierbrauerei »Em Balchem«, Severinstraße 15

Das »Vringsveedel« war im Mittelalter Kölns größtes Weinbaugebiet. (Daran erinnern noch die »Winzer und Winzerinnen von d'r Bottmüll«.) Die Severinstraße war aber auch eine Straße der Klöster, Kirchen und Kapellen, der Patrizier-Palais und der Brauereien. Hier wurde denn auch eines der schönsten und traditionsreichsten Kölner Brauhäuser errichtet (1676), gewissermaßen zwischen Reben und Korn.

Das Haus hieß »Zum goldenen Bär« und wurde von dem Brauer Heinrich Deutz gebaut – ein architektonisches Schmuckstück mit Kranbalken und kunstvollem Türerker. Die ehemals vergoldeten Maueranker formen den Spruch »Soli Deo Gloria« (allein Gott die Ehre). Das Innere schmückte eine reichverzierte Balkendecke, die als eine der schönsten typischen »Kölner Decken« galt. Eine Zwischendecke im Erdgeschoß erzeugte das Raumgefühl, welches die altkölnischen Brauhäuser auszeichnete.

Die letzten Brauer in der reichsstädtischen Zeit waren Henricus Wolff und sein Schwager, der Ratsherr Barthel Joseph Winckelhoch. Im Brauereiregister von 1838 ist Matthias Decker als Brauer genannt.

1890 wurde die alte Brauerei im Hinterhaus abgerissen und durch eine moderne Großbrauerei ersetzt. Die Baulichkeiten sind bis heute erhalten.

In den zwanziger Jahren dieses Jahrhunderts nennt sich die Brauerei Karthäuser Bräu Gebr. Balchem. Als Eigentümer firmieren Dr. Hans Balchem, Frau Rechtsanwalt und Notar Tönnies sowie Frau Christian Sünner. In den »Kunstdenkmälern der Rheinprovinz« heißt es um diese Zeit: »Das Haus ist das jüngste großartige Beispiel des Kölner Bürgerhaustyps, der aus der mittelalterlichen Bauweise hervorgegangen ist, zugleich aber ein frühes Beispiel für eine neue monumentalere barocke Fassadenauffassung von bestimmender Wirkung im Straßenbild.«

Im Zweiten Weltkrieg wird das Haus bis auf die Fassade zerstört. Die bleibt noch lange leer, bis »Balchem« als letztes Zeugnis mittelalterlicher Baukultur im »Veedel« überhaupt wieder aufgebaut wird. Dann fließt in den Sechzigern wieder Kölsch im ehemaligen Haus »Zum goldenen Löwen«. Nach langem Hin und Her wird das unter Denkmalschutz stehende Gebäude aber schließlich in eine städtische Bibliothek umgewandelt. Kölsch lesen statt Kölsch trinken – warum sollte es eigentlich nicht möglich sein, beides gleichzeitig zu tun?

»Im Bart«, Auf dem Brand 1–3

In einer der kleinsten und engsten Gassen der Stadt stand eine der ältesten und bedeutendsten Kölner Hausbrauereien.
Der Name der Straße »Auf dem Brand« bleibt weitgehend im Dunkeln, die Deutungen sind vage und unbestimmt. Mal werden Brandkatastrophen als Ursprung genannt, mal der Umstand, daß hier Äpfel aus dem nahen erzbischöflichen Garten zu Schnaps gebrannt wurden.
Das Brauhaus »Im Bart« besaß eine sechsachsige Fassade mit einem Doppelportal im klassizistischen Stil. Schon im Jahre 1412 erscheint das Brauhaus in der Liste der 21 Zunftbrauereien, welche Biersteuer zahlen. Auch der Name des letzten Zunftbrauers ist bekannt: Er hieß Anton Jonen (1798). In der reichsstädtischen Zeit ist das Brauhaus ins Gerede gekommen; damals hieß es noch »Schapellenhaus«. Und Ärger gab es 1598, als der Brauer Zapp aus dem Brauhaus auszog und in die Thieboldsgasse übersiedelte, um dort eine neue Brauerei zu eröffnen. Da aber das Braurecht an das Haus und nicht an den Brauer vergeben war, verstieß er damit gegen das Gesetz. Er erhielt prompt eine Strafe von zwanzig Goldgulden.
Im Jahre 1903 übernahm der Brauer Heinrich Kappes die Brauerei. Er richtete im Vorderhaus die »Altkölnische Bierstube« ein, die durch ihre tausend Altertümchen und Kuriositäten in der Kölner Gastronomie eine gewisse Berühmtheit erlangte.
Leider übernahm der letzte Besitzer, August Klöters, diese Raritätensammlung nicht. So verlor die Altstadt eine ihrer Attraktionen.
Der Braubetrieb wurde 1917 eingestellt. Das Brauhaus bestand als Gaststätte weiter bis 1932.
Apropos Attraktionen: Vor dem Zweiten Weltkrieg war die benachbarte Kammachergasse Kölns Bordellgasse Nummer eins. Krieg und Zerstörung schufen dann allerdings eine völlig neue Sauberkeit in dieser Gegend. Heute befindet sich an der Stelle des Brauhauses »Im Bart« die Einfahrt zur Garage des Hotels Mondial.

Brauhaus »Im Bart« mit sechsachsiger Fassade. Auf dem Brand – das war altes kölsches Milieu, wie auch das Bild links zeigt.

»Zum schwarzen Bären«, Heumarkt 20

Um 1075 entstand der Heumarkt (lat.: forum feni) durch eine Abtrennung vom Alter Markt. Gehandelt wurde hier mit Flachs und Tuch, mit Fleisch, Käse und Salz, mit Eisen und Kohlen und schließlich auch mit Futtermitteln wie dem namengebenden Heu. Der weitgereiste Engländer Coryat notierte nach einem Köln-Besuch 1608: »Der Heumarkt ist der schönste Platz, den ich gesehen habe, außer dem Markusplatz in Venedig.« Ein beachtliches Kompliment also, legitimiert durch die »vielen stattlichen Gebäude an seiner Längs- und Schmalseite«. 1817 wurde der Heumarkt mit Bäumen bepflanzt; seine nachmalige Gestalt, wie sie bis zum Krieg Bestand hatte, erhielt der Platz erst nach der Niederlegung verschiedener Häuserinseln in der Mitte, darunter Münze, Börse und Hauptwache.

Eines dieser »stattlichen Gebäude«, die Coryat so imponierten, war das Haus »Zum schwarzen Bären« (Nummer 20). Es bildete mit den Nachbarhäusern »Zum Helm« (später auch »Großer Stern« und »Zur blauen Hand«, zuletzt Weinhaus Vanderstein-Bellen) und dem Haus »Bedekaf« (später »Im Schwanen«) eine höchst malerische Häusergruppe, die beim Bau der Deutzer Brücke abgerissen wurde, um der Brükkenrampe Platz zu machen. Kulturfrevel im Dienst des modernen Verkehrs . . .

Unser Interesse konzentriert sich auf die Nummer 20. Der Chronist Weinsberg erwähnt einen Brand dieses Brauhauses in seinem »Buch Weinsberg« im Jahre 1593. Wiedererrichtet wurde es noch im selben Jahr mit einem Zwischengeschoß im Parterre, wie sich das für ein echtes Kölner Brauhaus gehörte.

Ein Jahrhundert zuvor war es schon einmal einem Feuer zum Opfer gefallen und 1492 wieder neu aufgebaut worden. Über dem Eingang prangten als Wahrzeichen des Hauses ein großer und ein kleiner Bär. Deshalb hieß es auch in alter Zeit »Zum großen und zum kleinen Bär«.

Am Heumarkt lag das Haus »Zum schwarzen Bären«. Es wurde beim Bau der Deutzer Brücke abgerissen.

Die Brauerei Creischer am Barbarossaplatz mit einer Fassade im typischen Stil der Kölner Neustadt.

»Barbarossa-Brauerei« Wilh. Creischer, Barbarossaplatz 4

Mit dem Abriß der Kölner Stadtmauer im Jahre 1881 und der nachfolgenden Erweiterung der mittelalterlichen Stadt entstand rund um den alten Stadtkern eine völlig neue, in ihrem Aussehen und ihrer Atmosphäre andersartige Stadt.
Das war nicht mehr das gemütliche, etwas behäbige »hillige« Köln. Das war eine moderne Großstadt, die ihre großen Vorbilder Paris und Berlin deutlich erkennen ließ. Der Barbarossaplatz war ein Teil der Ringe, dem Prunkstück der sogenannten Neustadt. Der Platz, der nach »Kaiser Rotbart« benannt ist, lag am Ende der Weyerstraße stadtauswärts. Hier mußte das alte Weyertor der neuen Stadtgestaltung weichen.
Wo so viel Neues entstand, war die Gründung einer neuen Brauerei zwangsläufig. Denn auch die Kölner Neubürger wußten ein gutes Bier zu schätzen. Im Jahre 1905 gründeten daher Wilhelm und Fritz Creischer die obergärige Brauerei.
Es war eine moderne Großbrauerei, deren Bier in der gesamten Stadt beliebt war. Die hl. Barbara war Patronin der Brauerei und – wie auf der Fassade des Sudhauses zu lesen war – auch die Beschützerin der Artillerie.
Im Jahre 1944 machte der Bombenhagel dieser kurzen, wenn auch erfolgreichen Brautradition der Barbarossa-Brauerei ein Ende. Nach dem Kriege bestand zwar das Brauhaus am Barbarossaplatz bis 1962 weiter, gebraut wurde hier aber nicht mehr. Heute steht an dieser Stelle ein Restaurant mit jugoslawischer Küche. Geblieben ist das Kölsch . . .

»Em Birbäumche«, Ursulaplatz 5–7

Die Gegend um St. Ursula hat etwas Sagenhaftes, Mysteriöses an sich. Das liegt teilweise an dem Ort selbst. Auf den Mauern einer heidnischen Isis-Kultstätte wurde ein frühchristliches Gotteshaus gebaut. Hier liegen Legenden in der Luft, hier spürt man einen Schauer, wenn man in der Goldenen Kammer die mit Knochen tapezierten Wände und die Reliquienbüsten mit den Überresten verschiedener Märtyrer besichtigen kann. Hier sollen der Legende nach jene 11000 Jungfrauen ruhen, deren Martyrium nach landläufiger Meinung in den elf Flammen des Kölner Stadtwappens symbolisiert ist. Hier wohnten fromme Frauen, Damen von Adel, Kanonissen, gelehrt und wohlhabend.

In diesem Umfeld lag das Brauhaus am Ursulaplatz. Erster Brauer im Brauerei-Register von 1838 ist Michael Sassel. Im Namensregister tauchen im Laufe der Jahre so bekannte Kölner Brauernamen auf wie Bardenheuer, Esser, Winter und Vogel. 1890 übernahm der Brauer Lambert Gatzweiler die Brauerei für obergäriges Bier. Den Traditionsnamen »Em Birbäumche« übernahm Lambert Gatzweiler von dem Brauhaus »Em Birrebäumche« auf dem Eigelstein, Ecke Maximinenstraße, welches beim Bau der Eisenbahn abgerissen wurde (1868). Ein steinernes Hausschild aus dem alten Brauhaus auf dem Eigelstein war in die Fassade des Hauses am Ursulaplatz eingebaut.

Das Brauhaus war eines der bekanntesten Lokale im Köln der zwanziger Jahre. Das Haus am Ursulaplatz bestand aus zwei unterschiedlich hohen Gebäuden, wovon das Haupthaus zwei Eingänge besaß: einen zur Schänke, einen zum Sälchen.

Im Jahre 1912 wurden durch Umbau und Überdachung des Hauses zwei neue Vereinssäle geschaffen. Später wurde die Fassade modernisiert und neu gegliedert. Im Krieg wurde das Brauhaus »Em Birbäumche« zerstört.

Im Jahre 1952 erlebte das »Birbäumche« seine Wiedergeburt – jedoch an anderer Stelle (Mittelstraße 11) und ohne Brauerei. 1982 war hier die Tradition zu Ende, nachdem auch die Umwandlung des Lokales in ein Steakhaus keine Überlebenschancen mehr bot.

Postkarte vom »Birbäumche« von 1912: Das Kölner und das Brauer-Wappen flankieren ein Bild von dem Kachelofen im Lokal.

Der »Bier-Esel« ist heute wie einst ein beliebtes Bier- und Muschelhaus. Nebenan auf der Breite Straße befand sich der ebenso bekannte »Wein-Esel«.

»Bier-Esel«, Breite Straße 114

Schon im Jahre 1435 wird der Brauer »Zum Esel« auf der Breite Straße erwähnt. Er sollte für drei Jahre von St. Johann Baptist an bestimmte Zeit dünnes Bier brauen«, heißt es in einer Quelle. Das mußten alle in der Zunft vertretenen Brauer reihum tun.
Das Brauhaus »Zum Esel« stellte nach mehr als 400 Jahren 1873 seine Brautätigkeit ein. Der letzte Braumeister hieß Everhard Badorff.
Das mittelalterliche Haus wurde zur gleichen Zeit abgerissen und durch ein neues ersetzt. Wann der »neue« Bier-Esel eröffnet wurde, ist nicht bekannt. Unser Foto (um 1900) zeigt ein Jahrhundertwende-Haus, als Brauerei-Ausschank von der Firma Sünner genutzt. Das kleinere Gebäude nebenan hieß »Zum Wein-Esel«. Das war zu seiner Zeit ein beliebter Treffpunkt für Arm und Reich. Im Jahre 1907 starb der letzte Wirt, Jacob Göbbels; der »Wein-Esel« wurde geschlossen. Zeitgenossen berichteten, Jacob Göbbels sei mit der Zeit immer wunderlicher geworden. Er beschimpfte seine Gäste mehr, als daß er sie bediente. Das hielten am Ende auch die verständnisvollsten Stammtischkunden nicht mehr aus: Sie gaben dem Wirt die Quittung durch Fernbleiben.
Da ging es dem »Bier-Esel« besser. Er überlebte zwei Kriege, und noch heute – wenn auch etwas kleiner als vor dem letzten Krieg – gibt es das Lokal in alter Frische. Die Frische sagt man auch den Muscheln nach, die hier als Spezialität in allen Variationen serviert werden.

»Em rude Bräues«, Blaubach 83–85

Das »rote Brauhaus« am Blaubach hat eine wahrhaft farbige Vergangenheit. Denn der Ursprung dieser Traditionsbrauerei geht zurück auf das Brauhaus des Klosters »by den Wyssenvrauen« (den weißen Frauen) ganz in der Nähe.
Schon im Jahre 1379 wird in einer Urkunde das Brauhaus »Zu den Veelen« erwähnt. Veelen waren die Schleier, welche die Nonnen trugen. In der Biersteuerliste von 1412 findet man ebenfalls den Namen des roten Brauhauses auf Blaubach.
Der Blaubach war das Quartier der Färber, die mit einem blauen Farbstoff (Waid – daher auch Waidmarkt) das grobe Tuch färbten, das dann zur Arbeitskleidung verarbeitet wurde. Man könnte sagen: Am Blaubach wurden die Jeans des Mittelalters fabriziert. Am Blaubach Nr. 4 wohnte der Chronist Weinsberg, der im 16. Jahrhundert detailgetreu die Situation im mittelalterlichen Köln beschrieben hat.
Den Färbern sagte man eine besonders durstige Kehle nach, was vielleicht die große Zahl von Brauereien auch in dieser Gegend erklärt. Hier gab es den »Jungen Raben« und den »Alten Raben«. Von den Brauhäusern in den Nachbarstraßen ganz zu schweigen.
Der letzte Zunftbrauer »Em rude Bräues« war der Bürgerhauptmann Johann Wolff. 1924 übernahm die Familie Jean Pütz die Brauerei und führte sie bis zur Schließung im Jahre 1942. Der Sohn des letzten Braumeisters heißt ebenfalls Jean Pütz und ist vielen aus dem Fernsehen bekannt. Er hat zwar auch Bier gebraut – aber nur in seiner TV-Sendung »Hobbythek«.

»Em rude Bräues« – die Geschichte dieses Brauhauses am Blaubach geht zurück bis zur Wende vom 14. zum 15. Jahrhundert.

»Zur Bretzel«, Alter Markt 20–22

Erstmals erwähnt wird das Haus im Jahre 1215. Das große Gebäude Ecke Alter Markt/Lintgasse hieß »Zur Britzele am Apfelmarkt«, denn der befand sich damals direkt vor der Haustür.
Im Jahre 1580 erwirbt der Steinmetzmeister Benedikt von Schwelm die nördliche Haushälfte. Die Jahreszahl ist noch heute auf den Maueranker der Fassade zu sehen. Der Baumeister Benedikt scheint ein tüchtiger Mann mit einem florierenden Geschäft gewesen zu sein. Er war zweimal Amtsmeister seiner Zunft (1567 und 1590), Beigeordneter und dreimal in den Rat der Stadt gewählt.
Benedikt von Schwelm ist als Erbauer des Zwillingsbaus anzusehen, wie er sich noch heute darbietet. Während der nördliche Teil zunächst den Namen »Zur Bretzel« weiterführt, trägt der südliche Teil später den Namen »Zum Dorn« (1630), dann später auch den Namen »Zur goldenen Sonne« (1767). Hermann von Weinsberg, Ratsherr, Jurist, Stadtchronist des 16. Jahrhunderts, Weinhändler und Bierbrauer, nennt das Doppelhaus ein »Kleinod«. Wenn auch mit dem Bauherrn um drei Ecken verwandt – Benedikt von Schwelm ist der Schwiegervater seines Neffen Gottschalk – hat sein Urteil Gewicht.
Nach vielen kleinen baulichen Veränderungen und mehrfachem Eigentümerwechsel rettet sich das Haus in seiner alten Form in die Neuzeit. Sein Wahlspruch, frei übersetzt, lautet: »Dieses Haus steht in Gottes Hand, Zu der Bretzel bin ich benannt.«
Allerdings nagte auch an der »Bretzel« der Zahn der Zeit. Im Jahre 1913 erfahren wir aus einem Bericht der Denkmalpflege, wie gefährdet unser Kleinod war: Nur die festgefügte, in Eichenfachwerk gezimmerte Scheidewand zwischen beiden Häusern sowie die gut verankerten Balkenanlagen »haben den Einsturz der Häuser verhütet«.
Den Bemühungen des Oberbürgermeisters Wallraf und des Beigeordneten Rehorst ist es zu verdanken, daß das »Kleinod« nicht abgerissen, sondern von Grund auf restauriert wird. Dazu werden (1910 bis 1912) die Frontwände abgetragen. Die Werksteine werden beim Abbruch numeriert und – soweit verwendbar – wieder eingesetzt; die Hauptfassade erhält wieder ihr ursprüngliches Bild. Die stützende Fachwand fällt weg, dafür werden die Erdgeschoßpfeiler verstärkt. Die alten Geschoßhöhen – obwohl nicht im Einklang mit der Bauordnung – bleiben erhalten. Die Stadt hat den Bau zum Zweck der Restaurierung angekauft und verkauft ihn im fertig restaurierten Zustand an die Bäckerinnung, die gerade auf der Suche nach einem neuen Heim ist. (Die Namensgebung »Zur Britzel« oder »Zur Bretzel« ist somit nicht auf den Sitz der Bäckerinnung zurückzuführen, sondern geschah über 600 Jahre früher.)
Im Zweiten Weltkrieg sinkt der Alter Markt – wie fast die gesamte historische Bausubstanz Kölns – in Schutt und Asche. 1943 brennt die »Bretzel«, von Bomben getroffen, völlig aus. Als einziger historischer Bau am Alter Markt bewahrt er jedoch das Mauerwerk in voller Höhe. Ab 1947/48 müssen an dem Bauwerk umfangreiche Sicherungsarbeiten durchgeführt werden – ständig droht der Einsturz.
Die endgültige Restaurierung dauert denn auch bis spät in die fünfziger Jahre.
1955, als der bauleitende Architekt wieder einmal einen Beihilfeantrag an den Stadtkonservator stellt, stehen den geforderten DM 39 000 gerade noch DM 4050 aus dem laufenden Etat gegenüber!
Heute ist die »Bretzel« der Brauerei-Ausschank der Privatbrauerei Gaffel, die damit seit 1986 inmitten historischer Umgebung in einem der ältesten und schönsten Häuser Kölns präsent ist.

Die »Bretzel« am Alter Markt, heute Brauerei-Ausschank der Privatbrauerei Gaffel: Heute das einzige so schön erhaltene alte Haus an einem traditionsreichen Platz. Auf diesem Bild läßt die Neuzeit grüßen: Der Lastwagen beginnt, den alten Bierkutschern Konkurrenz zu machen.

Das Brauhaus Früh in der Straße Am Hof, verborgen hinter dem berühmten Heinzelmännchenbrunnen.

Cölner Hofbräu P. Josef Früh, Am Hof 12

Der Domhof war ein exterritoriales Gebiet an der Südseite des Domes. Hier befand sich der Herrschaftsbereich des Erzbischofs mit den Kuriergebäuden, der Aula teologica (theologische Fakultät der alten Universität), der Rentei, dem Kriminalgefängnis (»Hacht«) und einem Hospital. Aber auch die weltlichen Bedürfnisse kamen hier nicht zu kurz. Es gab die Kornkammer, die Küche, die Bäckerei (sehr wahrscheinlich auch ein erzbischöfliches Brauhaus), den Weinkeller, den Fleischhof und den Plückhof, wo das Geflügel für die bischöfliche Tafel gerupft wurde.
Der Erholung diente der Baum- und Tiergarten des Erzbischofs, der aber 1485 in einen Schützenhof für die Domherren umgewandelt wurde. Der Domhof war also – ähnlich wie andere »Domfreiheiten« oder etwa der Vatikan – eine Art Stadt in der Stadt.
Am Rande dieses Bezirks siedelten sich die Waffenschmiede an, die Helmschläger, die Gürtel- und Taschenmacher. Hier war man ebenso wohlhabend wie gottesfürchtig. Hier gab es Pütz (Brunnen) und Pranger. Und hier stand der prächtige Brabanter Hof, das Geschenk der Stadt an den Sieger von Worringen, Jan I. von Brabant (»Gambrinus«). Im 18. Jahrhundert errichteten Großbürger, Ärzte und Juristen hier großartige Palais.

Den letzten stadtgeschichtlichen Akzent setzte der im Jahre 1899 von den Bildhauern E. und H. Renard erbaute Heinzelmännchenbrunnen. Er erzählt das von August Kopisch verfaßte Märchen: »Wie war in Köln es doch vordem mit Heinzelmännchen so bequem.«
In diesem Umfeld gründete Peter Josef Früh im Jahre 1904 den Cölner Hofbräu, das Brauhaus Am Hof. Der Name bezieht sich also nicht auf eine fürstliche Brautradition, sondern ist von der Lage abgeleitet. Peter Josef Früh hatte bereits von 1895 bis 1898 eine Brauerei auf der Apostelnstraße betrieben, ehe er an den Domhof zog und hier eine obergärige Brauerei erbaute. Zuvor hatte das heutige Vorderhaus als Theater gedient (Central-Theater). Die Nachbarschaft war nobel: das Reichshof-Hotel – mit Weinrestaurant, Kellerei und Delikatessen-Abteilung – und das Weinhaus »Zur Glocke« von 1693.
Heute sitzen an warmen Sommertagen auf der Terrasse Menschen aus allen Herren Länder, die das tun, was man hier immer tat: Kölsch trinken und das Spektakel der Passanten genießen. Die Köbesse scheinen dann mitunter mit den Heinzelmännchen vom Brunnen nebenan zu wetteifern . . .

Wo später »der Früh« einzog, befand sich vormals das Central-Theater. Dort wurde (»Täglich Vorstellung!«) derbe Schauspielkost geboten.

Ein Gaul wartet auf seinen Kutscher, ein Glaserkarren auf seinen Meister. Anzunehmen, daß beide eben mal auf einen Schluck im Brauhaus Früh (rechts) verschwunden sind . . .

In der »Ewigen Lampe« wurde vor allem im 19. Jahrhundert von Prominenz und Intelligenz Kölner Geschichte gemacht und geschrieben.

»Ewige Lampe«, Trankgasse 1

Friedrich Wilhelm Simon machte sich 1835 als Faßbinder und Weinzäpfer selbständig und kaufte das Haus Trankgasse 1. In dem aus dem Jahre 1366 stammenden schmalen Gebäude eröffnete er einen Weinzapf, das Haus verlor seinen Treppengiebel und erhielt eine modernere Fassade (»Flabes«). Weil im Lokal bis in den Morgen die Lichter nicht ausgingen, hatte es rasch den Namen »Ewige Lampe« weg. Verliehen hat ihn der Dichter Karl Cramer, ein beliebtes und beleibtes Original seiner Zeit.

Über den Betrieb in der »Lampe« wissen wir vergleichsweise mehr als von anderen Häusern, dank Hermann Beckers Werk »Altkölnische Wirtshäuser«. Becker war der Sohn des Kulturkritikers der »Kölnischen Zeitung«, in der zweiten Hälfte des vorigen Jahrhunderts Mittelpunkt einer illustren Stammtisch-Gesellschaft von Intellektuellen und Industriellen in der »Lampe«.

In der Gründerzeit der »Lampe« waren es noch Typen wie Cramer oder der »Professor« Peter Wahlen, ein des Lesens und Schreibens kaum kundiger Kappesbauer und Naturphilosoph (»Mist ist eine Gottheit!«), die in der Wirtschaft den Ton angaben. Die Liste späterer Gäste liest sich wie ein »Who is Who« des Jahrhunderts – mit überwiegend liberalem oder (aus damaliger Sicht) »linkem« Einschlag: Karl Marx verkehrte hier im aufregenden Revolutionsjahr 1848, als er in Köln die »Neue Rheinische Zeitung« herausgab, und mit ihm der redegewaltige Sozialist Hermann Becker, der »rote Becker«, nachmaliger Oberbürgermeister von Köln. Ferdinand Freiligrath ist hier gesehen worden und der Dichter des Deutschlandliedes, Hoffmann von Fallersleben, der mit dem Verleger der »Kölnischen Zeitung« in der »Ewigen Lampe« einen Redakteursvertrag begoß.

In der von Simon Meister ausgemalten Wirtschaft saßen als »Schobbestecher« und »Schwammbälg« die Herren Farina und Mülhens, der Dichter DeNoël und der Schriftsteller Weyden, die Kapellmeister und Komponisten Conradin Kreutzer und Ferdinand Hiller. Karl Cramer soll in der »Lampe« dem in seine Heimatstadt gereisten Jacques Offenbach die Ur-Idee zu »Orpheus in der Unterwelt« vermittelt haben.

Die Mischung von Prominenz zeigt schon, daß die »Lampe« mehr eine Ideenfabrik als ein Revoluzzer-Lokal gewesen ist. So lesen wir denn auch bei Hermann Becker: »Sie war selbst dann, als die politischen Wogen in Köln am höchsten gingen, ein neutraler Boden, auf dem sich radikale und gemäßigte Anschauungen mit reaktionären friedlichen begegneten.«

Nach 1870 wurde die »Lampe« umgebaut, später um einige Nebenhäuser erweitert und schließlich mit dem benachbarten »Hotel de L'Europe« zu jenem weitbekannten Hotel-Restaurant vereinigt, das später durch die Bomben zerstört wurde. Der Komplex lag an der Stelle, wo heute die kleine Straße Andreaskloster von der Komödienstraße abzweigt.

Die Trankgasse von einst war im übrigen gesäumt von hochherrschaftlichen Bauten. Unter anderem stand hier der »Kölner Hof«, das prächtige Gästehaus der Erzbischöfe. Ihr Name weist darauf hin, daß über sie ursprünglich Vieh zur Tränke am Rhein hinuntergeführt worden ist. Wie das Beispiel »Ewige Lampe« zeigt, tranken hier später nicht nur die Pferde …

Der Doppelgiebel des »Hahnenbräu« (Foto: 1930). 1939 wurde das Haus ein Opfer der Stadtplanung.

»Hahnenbräu«, Hahnenstraße 43

Eine im wahrsten Sinne des Wortes einschneidende Maßnahme war die Schaffung der Ost-West-Achse vom Heumarkt zum Hahnentor. Ihr fielen gleich reihenweise alte Kölner Straßen und Bauten zum Opfer, unter anderem die alte Hahnenstraße mit dem Haus Nr. 43, dem »Hahnenbräu«, einem Kölner Traditionsbrauhaus.
Auch bei der Hahnenstraße liegt der Ursprung des Namens im Dunkeln. Glaubte man noch im 19. Jahrhundert an die Hähne, also an Federvieh als Namensgeber, so neigt man heute eher zu dem Personennamen Hagen, einem Mann aus dem Hag (Wäldchen), der vor der alten Römermauer am Neumarkt gelegen war.
Die alte Hahnenstraße war eine wichtige Ausfallstraße zum Hahnentor, dem Tor nach Melaten (zum Friedhof), nach Aachen, nach Westen. Hier lagen die Brauhäuser »St. Peter«, »Im wilden Mann«, »Zum Tolles« (Zum Zollhaus), »Im Hahnen« und »Zum Kaiser«. Das letztere, Nr. 43, nannte sich später »Hahnenbräu«. Es war ein ehemaliges Doppelhaus mit zwei Giebeln und spitzem Dach. Den Kranbalken schmückte eine Mannsfigur mit malerisch drapiertem Mantel. Gegründet wurde die Brauerei 1822. Im Kölner Brauerei-Register erscheint 1838 der Name des Brauers Franz Conzen.
Um die Jahrhundertwende besaß die Brauerei einen schönen Biergarten. Früher nannte der Volksmund den »Hahnenbräu« auch »Leichenbräu«, weil hier die vielen Begräbniszüge nach Melaten vorbeikamen. Anschließend wurde auf dem Rückweg hier »das Fell versoffen«. Der letzte Brauer hieß Paul Peter (1934). Das Haus befand sich an dem Platz der Hahnentor-Lichtspiele der Nachkriegszeit. Diese wurden 1986 abgerissen.
Der »Hahnenbräu« übersiedelte zum Rudolfplatz (1952) und existierte hier als Gaststätte bis 1958. Heute befindet sich dort ein Fast-Food-Restaurant. Vom »Halven Hahn« zum »Hambörger« – auch eine gastronomische Karriere.

Der Biergarten des »Hahnenbräu« war einer der beliebtesten in ganz Köln.

Brauerei »Zum Grin« Bank/Lölgen, Hohe Pforte 8

An der großen Achse vom Severins- zum Eigelstein-Tor befindet sich zwischen Waidmarkt und Hohe Straße die Hohe Pforte. Sie hat ihren Namen nach dem Südtor in der römischen Stadtmauer, das hier den Abschluß der Römerstraße bildete.

Im 16. Jahrhundert lebte gleich um die Ecke der Chronist Hermann von Weinsberg, nämlich am Blaubach Nr. 4. Entsprechend exakt sind die Angaben, die uns über das Haus »Zum Grin« auf der Hohen Pforte vorliegen. Von Weinsberg wissen wir, daß dieses Haus 1538 für 800 Taler verkauft wurde, daß der Dr. jur. Wissel es im Jahre 1610 neu erbauen ließ und daß es

Die »Historische Gaststätte«, aufgenommen im Mai 1931.

im Jahre 1641 durch Hinrich Derichsweiler mit Rundbogenportal und Wendeltreppe verschönert wurde. Von Hans Vogts (»Das Kölner Wohnhaus«) ist uns ein Grundriß des Hauses überliefert. Von dem Maler Passavanti wurde uns eine Innenansicht der Gaststube vermittelt.

Gab es zwischen 1870 und 1880 noch fünf Hofbrauereien auf der Hohen Pforte, so blieb schließlich nur noch das Brauhaus Bank/Lölgen übrig – zuletzt als Gastwirtschaft, nachdem der letzte Brauer, H. J. Bank, die Brauerei 1883 geschlossen hatte. Doch nach wie vor zählte das Brauhaus Bank/Lölgen zu den bekanntesten und gemütlichsten Kneipen Kölns.

Eine Art Weltberühmtheit wurde in diesem Bierhaus geboren, als Ende der 70er Jahre des vorigen Jahrhunderts hier der inzwischen sattsam bekannte »Halve Hahn« – ein halbes Röggelchen mit einer Scheibe Holländer Käse – erfunden wurde. Als »Vater« gilt ein gewisser Vierkötter, der seinen Stammtischfreunden einen knusprigen braunen »Halven Hahn« versprach, womit er schlicht das Röggelchen meinte. Was man in Köln unter einem »Halven Hahn« versteht, hat sich mittlerweile in vielen Ländern herumgesprochen. Herrn Vierkötter dreimal »Kölle Alaaf!«.

Im Brauhaus Lölgen tagte aber auch der Heimatverein Alt-Köln mit seinen über 2000 Mitgliedern. Hoffentlich nicht alle zur gleichen Zeit, denn die Gaststube war 6 × 6 m groß. Selbst wenn man bedenkt, daß sie 5½ m hoch war, hätte es ein ziemliches Gedränge gegeben. Aber eng ist schließlich gemütlich ...

Im Brauhaus Bank/Lölgen, mit Sälchen und Kegelbahn und geschmückt mit einer Gaslaterne, kam Ende der 1870er Jahre der »Halve Hahn« zur Welt.

»Zur Henne«, Ehrenstraße 60–62

Die Ehrenstraße beherbergte eine ganze Reihe renommierter Brauhäuser. Eines von ihnen war die »Henne«. Wilhelm Scheben, Brauer und Historiker, nennt uns als den letzten Zunftbrauer (1798) Nicolaus Quadt. Das Haus auf unserer Abbildung war ein Doppelhaus, das durch Überbauung der Toreinfahrt entstanden war. Es wurde im Jahre 1656 errichtet. Im Inneren gab es eine Balkenstuckdecke, die zu den sehenswertesten ihrer Art gehörte. Umbau und Krieg haben sie – wie das gesamte Brauhaus – hinweggerafft. Gebraut wurde hier bis 1895. Der letzte Brauer hieß Wilhelm Breuer. Später führte hier die Brauerei Sünner einen Brauereiausschank mit einer Bierschwemme zur Alten Wallgasse hin.

Die »Henne« war ein beliebter Treffpunkt Kölner Bürger. Heute gibt es an der Stelle, wo einst das Brauhaus stand, ein Sammelsurium von Boutiquen, einen Kiosk, einen Gemüsestand und einen Parkplatz. Es wäre zu wünschen, daß man eines Tages diesem Platz wieder ein anderes Gesicht verleiht.
Die Alte Wallgasse hat im übrigen nichts mit einem Wall zu tun, sondern der Name geht auf ein Quartier wallonischer Kaufleute im Mittelalter zurück. Und ob die Ehrenstraße wirklich wegen eines »Ehrentores« in römischer Zeit so heißt, oder ob ihr eine Familie »zur Ähren« den Namen geliehen hat, darüber mutmaßen die Historiker. Den Gästen der »Henne« wird es ohnehin egal gewesen sein ...

Der Spezialausschank der Sünner-Brauerei war eines von vielen Brauhäusern auf der Ehrenstraße.

»Zur Klooch« und »Em Zuckerpuckel«, Am Bollwerk 15 und 17

Im Schatten von Groß St. Martin, im Herzen der Kölner Altstadt, lagen nebeneinander zwei Kölsche Weetschaften von ältester Tradition und größter Beliebtheit. Die eine, »Zur Klooch«, wurde 1589, die andere, »Em Zuckerpuckel«, 1651 erbaut. Sie waren gleichsam die Kronjuwelen der Kölner Kneipenkultur. Eine wunderschöne Rokoko-Tür mit Oberlicht schmückte die Fassade des »Zuckerpuckels«. Drinnen pulsierte pralles Leben. Hier verkehrten »bessere Bürger« ebenso wie die Deutzer Kürassiere. Den Namen erhielt das Lokal von dem »Martenspastor seiner Köchin«, die hier kochte und eine etwas »hohe« Schulter hatte.

Nebenan in der »Klooch« (Feuerzange) verkehrte ein Kölner Original, der »Maler Bock» mit seinem ewigen Blumenstrauß in der Hand – Philosoph und Bürgerschreck in einem. Mit dem Blumenstrauß – selbstgepflückt am Wegesrand – hatte es eine ganz bestimmte Bewandtnis: Bock pflegte damit etwa zur Namenstagsgratulation bei wohlmögenden Damen anzutreten, sich uneingeladen an den Tisch zu setzen und nach gehabter Stärkung samt Blumen wieder zu verschwinden. Mit dem Hinweis, er müsse noch zu einem anderen Namenstag. Seine Gönnerin, die Wirtin »Mutter Sülzen«, lachte breit und behäbig und auch ein wenig nachsichtig, wenn der »Maler Bock« mal wieder das »Bürgerpack« und die Ordnungskräfte, mit denen er mitunter in Konflikt geriet, brummelnd beschimpfte.

Am 5. Oktober 1760 erwarb der Brauer Joh. Peter Schmitz die Brauerei »Zur großen Klucht«. Er ist der erste Brauer, der für dieses Haus benannt ist. Scheben nennt Johannes Schneider als letzten Zunftbraumeister (1798). Die berühmte »Mutter Sülzen« war die Witwe Anna Maria Sülzen. Sie leitete die »Klooch« bis 1840. 1821 wohnte Charlotte von Schiller, die Witwe des Dichters, längere Zeit zusammen mit Tochter Karoline in der »Klooch«. Der Grund: Sohn Ernst tat als Landgerichtsassessor am Kölner Appellhof Dienst. 1924 wurde die Brauerei eingestellt. Der letzte Brauer hieß Peter Oedenkoven.

Verschwunden ist diese Idylle in der Nachkriegszeit. Heute werden hier an der Ecke ostasiatische und andere exotische Spezialitäten serviert . . .

Die »Klooch«, die Feuerzange, gab dem Lokal links den Namen. Der »Zuckerpuckel« ist nach dem hohen Rücken einer Köchin benannt.

Der »Kaiser« auf der Ehrenstraße, auch »dreckelije Kaiser« genannt, konnte sich in der Nachkriegszeit nicht mehr lange halten.

»Im Kaiser«, Ehrenstraße 74

Diese Hausbrauerei auf der Ehrenstraße wird schon 1654 urkundlich erwähnt. 1798 steht sie als Brauerei »Zum Kaiser« am Ehrentor im Brauereiregister. Der letzte Zunftbrauer hieß Hubertus Breuer.

1838 nennt sie sich Brauerei »Zum Kaiser Franz«, im Volksmund weit besser bekannt als der »dreckelije Kaiser« wegen der landwirtschaftlichen Atmosphäre im Lokal – wofür die durch den Schankraum fliegenden Hühner sorgten.

Aus dem Jahre 1845 ist uns eine besondere Geschichte überliefert, die im »Kaiser« spielte. Nicht am Reißbrett, nicht auf königliche Kabinettsordre hin, sondern am Stammtisch wurde hier eine Stadt gegründet. Und das kam so:

Mitten in der Karnevalszeit gab der stadtbekannte Buchdrucker und Antiquar Franz Anton Kreuter das wegweisende Stichwort aus: »Ich sinn, dat dä Fastelovend nit rääch mieh trecke well.« Köln war den fortschrittlichen Bürgern längst zu eng geworden; um so bereitwilliger hörten die Stammtischbrüder auf Kreuters Vorschlag: »Mer baue en neue Stadt!«

Die neue Stadt lag auf dem »Ziegelfeld« vor den Toren Kölns, in gerader Linie vor dem Ehrentor, weshalb das neue Gemeinwesen den Namen Ehrenfeld bekam. 1816 waren da auf dem platten Land noch ganze 20 Bewohner gezählt worden. Einsiedler inmitten von Kappesfeldern. Ein paar Ziegeleien produzierten für den Festungsbau. Der Industrie- und Siedlungsboom der zweiten Hälfte des 19. Jahrhunderts katapultierte Ehrenfeld nach oben. 1879 bekam es die Stadtrechte – um sie schon neun Jahre später wieder zu verlieren. »Ihrefeld« kam im Zuge der ersten großen Eingemeindung wieder unter die Fittiche der Vaterstadt Colonia. Und das sogar freiwillig.

Der »Kaiser Franz« verschwand 1873 aus dem Register und meldete sich 1883 als einfaches Brauhaus »Im Kaiser« wieder.

1950 wurde, nach kriegsbedingter Pause, der »Kaiser« wieder eröffnet. Gebraut wurde hier aber nicht mehr.

Heute ist das Traditionsbrauhaus verschwunden und hat einem Supermarkt Platz gemacht. Der »Kaiser« hat endgültig abgedankt.

Das »Krützche« war früher und ist heute wieder ein Kleinod unter den Kölner Wirtschaften.

»Em Krützche«, Am Frankenturm 3

Das Straßenstück »Am Frankenturm« in der Fortsetzung vom Bollwerk zählt nur ganze drei Häuser. Das mittlere hieß seit 1589 »Zum Schwanen«, später erhielt es seinen heutigen Namen. Die Straße wiederum hat ihren Namen nach einer der Torburgen der Stadtbefestigung zum Rhein hin, die lange Zeit als Kriminalgefängnis diente.
»Em Krützche« stammt in der abgebildeten Form aus dem 17. Jahrhundert und war in den Augen der Denkmalpfleger eine der am einheitlichsten erhaltenen Hausanlagen jener Zeit.
Es trägt die Jahreszahl 1649 an seiner interessanten Fassade mit dem gotischen Stufengiebel. Die Doppeltür und der Löwenkran, die Gitterfenster und die Zwischengeschoßfenster waren besonders schöne Beispiele des damaligen Baustils.
Seine Inneneinrichtung war ein Kleinod Kölner Gasthauskultur, sehenswert vor allem die Decke und die geschnitzte Treppe. Hier fühlte sich der Kölner wohl. Auch Kölner Originale wie das Fleuten-Arnöldchen, der seine »Tournee« durch die Rheinufer-Kneipen machte und die Gäste mit seinem Flötenspiel unterhielt, gehörten zu den Stammgästen.
Im Jahre 1841 errichtete Ambrosius Schmitz hier eine Hausbrauerei, die allerdings 1878 wieder eingestellt wurde. Der letzte Brauer hieß Joh. Jos. Schmitz.
Im Krieg schwer beschädigt, wurde das Haus im alten Stil wieder aufgebaut. 1987 wurde es noch einmal restauriert, es erfolgte sozusagen die »Feinpolitur«. Heute präsentiert sich das »Krützche« in (fast) altem Glanze. Es wird hier zwar Kölsch gesprochen, aber nicht mehr getrunken. Hier schenkt man Pils aus der Eifel aus.

Brauerei »Im Schiffchen«, Am Bollwerk 21–23

Auch Häuser wechseln – wie die Menschen – im Laufe eines langen Lebens gelegentlich ihren Namen, besonders wenn sie auf historischem, geschichtsträchtigen Boden stehen. Hier bauten die Römer 310 n. Chr. die erste feste Rheinbrücke, hier luden Schiffe aus aller Herren Länder ihre Waren aus und ein, hier landeten Kaiser, Könige und Fürsten an, hier stand die alte Stadtmauer zum Rhein hin, hier stand das Stapelhaus und hier fuhr schließlich die Rheinuferbahn.
Im 14. Jahrhundert wohnten in dieser Straße Steinmetze der Dombauhütte, aber auch Salmenschneider (Fischhändler), und am Frankenturm gleich nebenan gab es einige »Badehäuser«. Die Straßenzeile zwischen Bischofsgartenstraße und Groß St. Martin war immer Hafen-, Handels- und Vergnügungsviertel.
Die Brauerei »Im Schiffchen« bestand seit 1849. Der Gründer hieß Gottfried Zell. Es gab in der Nähe, Am alten Ufer, noch eine andere Brauerei mit gleichem Namen. Sie war bedeutend älter, aber viel kleiner.
Das »Schiffchen« Am Bollwerk hatte nur eine relativ kurze Lebenszeit als Brauerei. Nach knapp dreißig Jahren wurde sie 1878 geschlossen. Der letzte Brauer hieß M. Graß. Das Bierhaus existierte jedoch weiter und erfreute sich großer Beliebtheit.
Ursprünglich handelte es sich um zwei Häuser: »In der Fontein« (Nr. 21) und »Zum roten Löwen« (Nr. 23).
Auf unserem Foto aus dem Jahre 1930 besaß das Haus »Zum roten Löwen« noch seine ursprüngliche Fassade mit einer verführerischen Meerjungfrau als Kranbalken. Im Erdgeschoß nebenan befand sich eine Buchhandlung.
Im Inneren der Gaststätte gab es eine schöne bemalte Stuckdecke aus der Zeit um 1725. Sie stellte Prometheus in den Wolken dar, umgeben von den vier Jahreszeiten.

»Im Schiffchen« hieß dieses Lokal Am Bollwerk. Heute flanieren hier die Spaziergänger durch den neugeschaffenen Rheingarten.

Nach 1930 wurde das Haus um- und ausgebaut. Es hieß nun »Brungs Urkölsche Bierstube«. Auch sie überlebte den Krieg nicht.
Heute steht an dieser Stelle ein moderner Hotelbau mit Gaststätte im Parterre. Der Name hat sich wieder einmal geändert: Er lautet »Rheinstuben«. Die ganze Zeile bis zum Frankenturm, zu Füßen des neuen Museums- und Philharmoniekomplexes, gehört an schönen Sommerabenden zu den Attraktionen des Rheingartens, wo ein Lokal neben dem anderen Einheimische wie Touristen einlädt, sich zu erholen.

»Die Lungenbrüder«, Alexianer-Anstalt-Brauerei, Mauritiussteinweg 41

Im »Hillige Kölle« durfte natürlich auch eine echte Klosterbrauerei nicht fehlen. Obwohl es eine Mönchsbrauerei (Franziskaner) an Minoriten und die Brauerei »Zu den weißen Frauen« (Maria im Kapitol) gab – so richtig klösterlich war nur die Alexianer-Anstalt-Brauerei auf dem Mauritiussteinweg.

Die Geschichte des Gebäudes geht zurück bis zum Jahre 1144. Da ließen sich hier – außerhalb der alten Römermauer – Benediktinerinnen nieder und gründeten ein Kloster für adelige Fräulein, die mehr oder weniger gottgefällig ihre Zeit verbrachten. 1735 wurde das Kloster erweitert und prächtig vergrößert.

Die französischen Revolutionstruppen lösten 1802 das Kloster wie alle anderen Kölner Klöster auf und versteigerten das Anwesen. Im Jahre 1827 übernahm die Armenverwaltung die völlig verwahrlosten Gebäude, übergab sie aber bald (1829) im Tauschverfahren den Alexianerbrüdern.

Die Alexianer- oder Lungenbrüder trugen ihren Namen nach einem »Haus zur Lunge«, welches in seinem Wappen zwei Lungen zeigte. Dieses Haus in der Lungengasse erhielten die frommen Brüder im Jahre 1306 von einem Johann von Creyvelt aus Krefeld zum Geschenk. Sie hatten es sich zur Aufgabe gemacht, Kranke zu pflegen und die Toten zu begraben – eine so wichtige Aufgabe, daß nicht einmal die Franzosen es wagten, diesen Orden aufzulösen. Die Alexianer sind somit die einzige kirchliche Glaubensgemeinschaft, die in Köln kontinuierlich seit dem frühen Mittelalter ihren barmherzigen Dienst verrichten konnte, wenn auch seit der französischen Besatzungszeit in Zivil.

Die Brüder pflegten auch Pensionäre. Diese, oft wohlhabende Rentiers, wollten natürlich nicht auf ihr leckeres Kölsch verzichten. Deshalb brauten die Brüder für sich und ihre Gäste »vom Allerbesten«. Im Brauereiregister ist die Gründung der Ale-

Hof der ehem. Klosterbrauerei mit einem Teil der Kapelle.

xianer-Anstalt-Brauerei für das Jahr 1828 eingetragen. Eingestellt wurde die Klosterbrauerei 1901.

Als die Alexianer 1902 in ihr neues Haus an der Bachemer Straße, das heutige Hildegardis-Krankenhaus, zogen, übernahm die Stadt Köln die Brauerei und braute hier das Bier für ihre städtischen Krankenhäuser. Über die Tätigkeit eines »städtischen Braumeisters« ist bisher allerdings nichts bekannt.

Kurz vor dem Ersten Weltkrieg erstand eine auswärtige Brauerei die Braueinrichtung und transportierte sie ab. Anschließend diente das Gebäude verschiedensten Zwecken. Die Kölner Kunstgewerbeschule war hier bis 1926 untergebracht, danach die Rheinische Musikschule. Heute ist das Ende der achtziger Jahre sorgsam restaurierte Barockgebäude besser als die »Wolkenburg« bekannt und als der Sitz des Kölner Männer-Gesang-Vereins, dessen Bühnenspielgemeinschaft ihm den jetzigen Namen gegeben hat.

Die »Malzmühle« am Heumarkt mit dekorativ bemalter Fassade. Über dem Eingang ein Jahresstein mit der Jahreszahl 1744.

Brauhaus »Zur Malzmühle«, Heumarkt 6

An der Südwest-Seite des Heumarkts befindet sich die Brauerei »Zur Malzmühle«. Der Heumarkt war seit dem 11. Jahrhundert einer der großen Marktplätze der Stadt. Mittelalterliche Reisende priesen seine Schönheit und die Pracht seiner Bauten. Hier befanden sich im Laufe der Jahrhunderte besonders wichtige öffentliche Gebäude, wie die Fleischhalle (Schlachthof) nach 1370, die Warenbörse (1727/30), die Hauptwache (1844), das Theater (um 1757).
Der berühmte Venezianer Casanova rühmt sich in seinen Memoiren, hier im Theater die Gattin eines Kölner Bürgermeisters (welches – das ist bis heute nicht recht geklärt) angesprochen und später auf seine vielfach bewährte Playboy-Art umgarnt zu haben.
Das Brauhaus »Zur Malzmühle« wurde im Jahre 1858 von dem Brauer Hubert Koch gegründet. Das Haus selbst ist älter. Dieser Teil des Heumarkts ist ohnehin sehr geschichtsträchtig. Im Haus Nr. 10 wird schon 1236 der Brauer Ludolfus erwähnt. Das Haus Nr. 6 wird erstmals 1165 genannt. Im Buch Weinsberg heißt es später »Zom Grule auf dem Heumarkt«.
In dieser Gegend konzentrierte sich alles, was den Brauern wichtig war: die Ratsmalzmühle (von 1572 bis 1853) und die Kornwaage auf dem Heumarkt, und die Faßbinder saßen mit ihrem Zunfthaus gleich um die Ecke am Filzengraben.
Bis 1912 stellten die Nachfahren von Hubert Koch den bekannten »Koch's Malzextract« her. Das Unternehmen hieß exakt: »Jakob Koch, Bier- und Malzextract-Dampfbrauerei«. Die heutige Inhaber-Familie Schwarz braut hingegen Kölsch nach bester Kölner Brauerart.
Unser Foto stammt aus dem Jahre 1910, als sich die Stadt und besonders dieser Teil des Heumarkts sich im Umbruch befand. Die Brauerei Malzmühle hat dagegen trotz allen Umbruchs an dieser Stelle dreizehn Jahrzehnte Brautradition und -kultur erhalten.

»Haus Meerkatzen«, Mathiasstraße 21

Im Viertel Oversburg zwischen den Bächen, dem Perlen-, Katharinen- und Filzengraben saßen die textilverarbeitenden Zünfte: Weber, Walker, Weißbüttner und Spitzenklöppler. Die Weber – eine mächtige und reiche Zunft – stellten vier Ratsherren, wohingegen sich andere, weniger bedeutende Zünfte zu mehreren einen Ratssitz teilen mußten.

Die Follerstraße und ihre Verlängerung, die Mathiasstraße, war eine der Hauptstraßen dieses Viertels. Also gab es auch hier bedeutende Brauhäuser. Das »Haus Meerkatzen«, das als eines der wenigen Kölner Häuser im Innenstadtbereich den Krieg unbeschadet überstanden hat, gehört dazu. Im Buch Weinsberg (1548) wird es »Die Pau und Merkatzen vur St. Matheis« genannt. Es bestand ursprünglich aus dem Haus »Zum Pfau« und dem Haus »Meerkatzen«.

Der heutige Bau stammt aus dem Jahre 1709. Ein Löwenkran schmückte einst die Fassade. Tür und Fenstergitter waren gleichermaßen sehenswert.

Bekannter als das Brauhaus selbst war im Vorkriegs-Köln die Brennerei des Hauses. Nach seinem Spitzenprodukt, dem Orange, hieß es auch »Orange Haus«.

Das Brauhaus firmierte 1838 unter dem Namen Brauerei Paul Schumacher. Dann übernahm die Familie Schallenberg die Brauerei. Diese stellte das Brauen aber 1881 ein und konzentrierte sich nur noch auf das Brennereigewerbe. Vor und nach 1945 hieß die dort existierende Gaststätte »Im Orange Haus«.

Heute beherbergt das Gebäude ein sehr stilvolles Restaurant. Es trägt jetzt wieder seinen guten alten Namen »Haus Meerkatzen«.

Das »Haus Meerkatzen« (links) trägt heute wieder seinen alten Namen. Zwischendurch wurde es auch unter »Orange Haus« geführt.

Diese Ansicht von Ehrentor und »Oertchen« ist hundert Jahre alt. Das »Oertchen« war eines der ältesten Brauhäuser von Köln.

Brauerei »Im Oertchen«, Ehrenstraße 71

Zu den nachweislich ältesten Brauereien Kölns gehört das sogenannte »Ehrenstraßer Oertchen«. Bei dem oft zitierten Chronisten Wilhelm Scheben findet man das Jahr 1235 mit dem ersten Nachweis für die Existenz des Hauses. Der Brauer Hertwig und seine Frau Agnes errichteten auf einem Grundstück, das ihnen von einer Frau namens Udalindis und ihrer Tochter Elisabeth erblich überlassen wurde, die erste Brauerei. Der Name »Im Oertchen« stammt von dem lateinischen Wort »ordo« (Ordnung, Anordnung, Reihe). Ordo hieß jeweils das Eckhaus, also das erste Haus in der Straßenreihe. An solchen Stellen müssen wohl oft Brauereien gelegen haben, denn es gibt im Brauereiregister ein »Berlichs-«, ein »Catharinen-« und ein »Griechen-Oertchen«. Eckkneipen also.

Das »Oertchen« am Ehrentor fiel dem Fortschritt anheim. Als die alte Stadtmauer mitsamt den meisten alten Stadttoren vor der Jahrhundertwende den neuen Wohnvierteln entlang der Ringe weichen mußte, verschwand auch das alte »Ehrenstraßer Oertchen«. An seiner Stelle entstand ein großer Neubau im Stil der Jahrhundertwende (1889).

Die Brauerei »Im Oertchen«, die über 650 Jahre bestanden hatte, fand ein vorläufiges Ende. Zwar existierte die Brauerei auch im neuen Haus bis 1922 weiter, doch der Schwerpunkt der Produktion lag nun auf der Brennerei. 1922 wurde die Brauerei ganz eingestellt. Genau 687 Jahre war hier Bier gebraut worden – eine stolze Tradition. Der letzte Brauer hieß Franz Meyer.

Die Familie Heinrich Müller übernahm die Brennerei, die leider auch dem Bombenkrieg zum Opfer fiel. Nach dem Krieg, den das Vorderhaus unbeschadet überstanden hatte, wurde im »Oertchen« nicht mehr gebrannt. Die Gaststätte bestand aber weiter. Heute befindet sich an alter, traditionsträchtiger Stätte eine gemütliche Kneipe. Neben ausländischen Bieren fließt hier nach wie vor – seit nunmehr 754 Jahren – Kölsch in die Kehlen.

Hausbrauerei Päffgen, Friesenstraße 64–66

»Fröher wor alles vill besser«, sagen oft die Alten, und »Vorkriegsware« gilt als besonderes Qualitätsmerkmal. Einige Institutionen und Produkte aus der »guten alten Zeit« haben sich bis heute gehalten, weil sie gut und richtig waren. So wie die 1883 gegründete Hausbrauerei Päffgen in der Friesenstraße 64–66.

Bei der Hausnummer fängt allerdings die Geschichte schon an. Am Anfang gab es nur die Nr. 64, denn das Haus Nr. 66 war ein kleines, spitzgiebeliges Nachbarhaus, das erst beim Umbau des Vorderhauses vor dem Zweiten Weltkrieg mit einbezogen wurde. Heute bildet es das Treppenhaus. Wie wir auf alten Fotografien und Postkarten sehen können, lag dort, wo sich jetzt die Bierschwemme befindet, die Durchfahrt für die Pferdefuhrwerke der Lieferanten zu der nach hinten gelegenen Brauerei, zu der es nur diesen einen Zugang gab.

Das kam so: Als Hermann Päffgen die Brauerei 1883 gründete, erwarb er das Gelände in der Friesenstraße von einer »Hauberei«, einem Fuhrunternehmen. Dieses verfügte über große Hallen, die sich bestens zum Betrieb einer obergärigen Brauerei eigneten. Im Laufe der Jahre wurde der gutgehende Betrieb verschiedentlich umgebaut und erweitert. Es wurde ein weiterer Zugang vom Friesenwall geschaffen und in den Jahren vor dem Zweiten Weltkrieg die Zufahrt vom Klapperhof, wo sich heute neben dem Eingang zur Brauerei auch der Pittermännchen-Verkauf befindet.

Was ist nun anders geworden seit der »guten alten Zeit«? In den letzten Jahren hat das Friesenviertel neuen Glanz erhalten. Es ist auf dem besten Wege, eine richtig feine Gegend zu werden. Schicke Geschäfte und Boutiquen entstehen neben modernen Kneipen und Restaurants. Man hat versucht, alte Bausubstanz mit neuzeitlicher Architektur zu verbinden – was man als geglückt betrachten kann.

Doch mittendrin steht nach wie vor als Fels in der Brandung das Brauhaus Päffgen und zieht wie ein Magnet die Freunde kölschen Bieres und kölscher Lebensart von nah und fern in seinen Bann.

Päffgen an der Friesenstraße: Vor dem über 100jährigen Brauhaus befand sich an dieser Stelle ein Fuhrunternehmen.

Bie auerei
Restauration von H. Päffgen.

»Zum St. Peter«, Heumarkt 77

Das große Geld im alten Köln wurde auf den beiden großen Märkten Alter Markt und Heumarkt gemacht. Hier siedelten sich folgerichtig auch die reichen Kaufleute an, Menschen mit Geld und Einfluß, mit Lust am Luxus und Sinn für das Schöne. Ein Beispiel für so ausgeprägte Bürgerkultur ist das Haus »Zum St. Peter«, erbaut im Jahre 1568 für den Ratsherrn und Weinmeister Wilhelm Peter Terlaen von Lennep. Die beiden Fensterfronten sind reich gegliedert, und an der Heumarkt-Seite schmückt ein kleines Portal mit der Jahreszahl 1777 das Haus. Rechts von der Tür befand sich eine Bierschänke, die auch einen Zugang vom Seidmachergäßchen aus hatte.

Heute steht dieses prächtige, alte Gasthaus direkt an der Westseite des Heumarkts. Das war nicht immer so, denn noch um die Jahrhundertwende war diese Ecke des Marktes mit mehreren kleinen Häuserblocks bebaut. Da gab es Unter Hutmacher, Unter Seidmacher, das Weite Gäßchen, das Bingergäßchen und den Leinwandmarkt – ein textiler Mikrokosmos vor der Haustür. Dazu die erzbischöfliche Münze gegenüber und die alte Fleischhalle gleich nebenan. Handel und Wandel, so weit das Auge reicht. Der Durchbruch der Pipinstraße, der Bau der Deutzer Hängebrücke und der Markthalle, der Heumarkt als Endhaltestelle der rechtsrheinischen Straßenbahnlinien – dies alles hat das stolze Beispiel kölnischer Baukunst mit angesehen und überlebt. Nun blickt es auf einen Heumarkt, der ein wenig von dem Glanz zurückgewinnt, den er einmal besaß. Durch den Neubau des Hotels Maritim an der Ostseite schließt sich der Platz wieder und erhält etwas von seinem Marktcharakter zurück. Es gibt zudem Bestrebungen, den Heumarkt zu untertunneln und die Brükkenrampe mit einem Turm abzuschließen. Doch dies sind Planungen für das Jahr 2000...

Das Bierhaus »Zum St. Peter« besteht seit Mitte des 19. Jahrhunderts. Sehr wahrscheinlich hat ein so bedeutendes Gasthaus früher einmal selbst gebraut. Genaue Angaben darüber liegen aber nicht vor.

Im Krieg brannte das Haus völlig aus. Die Außenmauern blieben jedoch erhalten, und um dieses Skelett herum entstand das Haus »Zum St. Peter« in altem Glanze.

Der berühmte Radrennfahrer Hans Zims führte das Gasthaus nach dem Krieg lange Jahre und verhalf ihm zu Renommee. Hier verkehrten viele Sportstars samt Anhang.

Unverändert hat der »St. Peter« am Heumarkt mehr als 400 Jahre Kölner Stadtgeschichte überdauert.

Die Sternengasse mit dem Doppelgiebelhaus »Em St. Pitter« im Jahre 1930. Einst war die Sternengasse im wahrsten Sinn des Wortes eine Straße der Stars.

Brauhaus »Em St. Pitter«, Sternengasse 89–91

Eine Straße der Stadt, welche durch die Zerstörungen des Bombenkrieges völlig ihre Bedeutung verloren hat, ist die Sternengasse. Auch beim Wiederaufbau geriet sie mehr oder weniger ins Abseits. Durch den Bau der Nord-Süd-Fahrt wurde sie nicht nur halbiert, die abgetrennte Hälfte wurde auch umbenannt. Aus einer Straße von historischem Weltniveau wurde ein Rumpfgäßchen.

Einst war die Sternengasse im wahrsten Sinne des Wortes eine Straße der Stars. Hier verlebte die französische Königin Maria von Medici ihre letzten Lebensjahre, der Maler Peter Paul Rubens seine ersten. Hier wohnte vorübergehend Goethe. Der Dichterfürst residierte im 1900 abgebrochenen Haus der berühmten Kaufmanns-Familie Jabach (Nr. 25/25a). Er preist sein Domizil in »Dichtung und Wahrheit«, und zwar »überwältigt von den Eindrücken«. Immerhin schmückten den Saal im Erdgeschoß Sterngewölbe, und das Altarbild in der Hauskapelle war ein echter Dürer. Im Hause Nr. 22 wurde der Maler Wilhelm Leibl geboren. Beethoven gab hier als Siebenjähriger ein Konzert.

Die erste Nachricht über eine Brauerei in der Sternengasse findet man in einem Ratserlaß aus dem Jahre 1412. Unter den 21 Zunftbrauereien findet sich auch das Brauhaus »Zu den Bretzen«. Sich vorzustellen, daß es in der Sternengasse einmal sechs Brauhäuser gab, fällt schwer.

Die Brauerei »Em St. Pitter« war in einem Doppelhaus mit zwei Stufengiebeln etabliert. Der Name St. Pitter stammte von der nahegelegenen Kirche St. Peter. Zuvor hieß das Haus eine Zeitlang »Zum roten Ochsen«.

Die Brauerei wird zum ersten Mal im Brauereiregister 1838 genannt. Der Brauer hieß Joh. Mich. Tinner. Innerhalb von knapp 100 Jahren versuchten 13 Brauer ihr Glück mit mehr oder weniger Erfolg. Der letzte – Franz Althoven – gab 1939 auf.

Mit dem Glanz der Sternengasse verschwanden auch einige Sterne am Kölner Bierhimmel. Schade.

»Zum Rade«, Brauerei Wwe. Heinr. Kolter, Marienplatz 24, Mühlenbach 49–51

Am Mühlenbach, dort also, wo der Duffesbach den Rhein erreichte, siedelten im Mittelalter hochherrschaftliche Kölner von Einfluß und Rang. Außerdem unterhielten auswärtige Klöster hier ihre Stadthöfe, wie den Marienstatter und den Himmeroder Hof. Auch die Familie Overstolz hatte hier Besitz. – Der Chronist Ernst Weyden beschreibt für die napoleonische Zeit einen auffälligen Kontrast am Mühlenbach: Auf der einen Seite, zur alten Römermauer hin, noch das mittelalterliche Köln »mit uralten Häusern und Häuschen«, auf der anderen Seite »Wohlstand verkündende Wohnungen« von Kaufherren. In der Mitte dazwischen der Duffesbach, damals noch in einer offenen, gemauerten Rinne, als »Kloake der ganzen Nachbarschaft«.
Bei der Brauerei »Zum Rade« handelte es sich um eines der ältesten Brauhäuser der Stadt. Es bestand aus einem Haupthaus am Marienplatz und einem weiteren Haus am Mühlenbach.
Das Brauhaus am Marienplatz besaß einen Treppenturm und einen Obergeschoßsaal mit reich verzierter Stuckdecke. Seine Geschichte reicht bis in das Jahr 1425. In Keussens »Topographie der Stadt Köln« finden wir an dieser Stelle ein Gruithaus, also ein Haus, wo die Bierwürze hergestellt wurde. Sehr wahrscheinlich war dies das Ursprungshaus der späteren Brauerei.

Hier, in der Nähe von Kornwaage, Malzmühle und dem Mühlenbach, war der ideale Standort für ein Brauhaus. Aber mit dem Ende der reichsstädtischen Zeit verschwand auch diese Brauerei.
Im Jahre 1865 gründete Jean Maaßen dann eine neue Braustätte. Diese bestand bis 1910. Unser Bild zeigt das Doppelgiebelhaus von der Mühlenbach-Seite aus. Kurz darauf wurde das Gebäude abgerissen.
Die letzte Eigentümerin, die Witwe Heinrich Kolter, verlegte die Brauerei auf die Ehrenstraße und übernahm dort das bekannte Brauhaus »Zum Kaiser«.
Am Mühlenbach stehen heute moderne Wohnbauten. Keine Spur mehr von alter Brauerherrlichkeit.

Das doppelgieblige Brauhaus »Zum Rade«, vom Mühlenbach aus gesehen. Seine Geschichte reicht bis in das Jahr 1425 zurück.

Das Haupthaus der Brauerei Reissdorf an der Severinstraße. Im Erdgeschoß lag außerdem ein Nähmaschinenladen.

Brauerei Heinrich Reissdorf, Severinstraße 51

Die Severinstraße war eine der Hauptdurchgangsstraßen Kölns, die Nord-Süd-Achse zwischen Eigelsteintor und Severinstor. Hier pulsiert das Leben von der Römerzeit bis heute.
Schräg gegenüber der Basilika St. Severin, einer der großen romanischen Kirchen Kölns, liegt die Brauerei Reissdorf. Sie ist als einzige von ehemals 15 Brauereien an dieser Straße übrig geblieben. 1894 wurde sie von Heinrich Reissdorf gegründet. Sie bestand aus dem Haupthaus zur Severinstraße hin mit anschließendem Biergarten und Kegelbahn. Die Wirtschaftsgebäude mit dem Sudhaus lagen zum Karthäusergraben.
Man erzählt sich im Vringsveedel, daß im Eingangsflur zum Brauhaus immer ein Köbes aus einem Pittermännchen Kölsch verkaufte. Die Gäste saßen an Klapptischen, die an der Wand befestigt waren. Wollte nun ein Brauereigespann mit Fässern hinein oder hinaus, so mußten die Gäste aufstehen, die Tische wurden hochgeklappt – das Fuhrwerk konnte passieren. Historie oder Histörchen? Ganz gleich – jedenfalls originell ...
Im Krieg wurde der Brauereibetrieb zu 90 Prozent zerstört. Die Brauereigaststätte wurde in Schutt und Asche gelegt. Heute sind die Kriegswunden vernarbt; man ist dabei, die Brauerei zu erweitern und zu modernisieren. Die Stelle, an der sich einst der Brauerei-Ausschank befand, schmückt heute ein »Wandgemälde« aus dem Brauereimilieu.
Das »Vringsveedel« (nur Un-Eingeweihte sagen angeblich »Südstadt«) ist ein vitaler Stadtteil, wo Kultur und Kommerz eine fruchtbare Vereinigung eingegangen sind. Vielleicht wird auch eines guten Tages das rot-weiße Reissdorf-Emblem am Giebel eines Brauereiausschanks auf der Severinstraße die Flaneure des »Südstadtboulevards« zu einem kurzen Verweilen einladen.

»Zum Riesen-Brauhaus«, Gertrudenstraße 4

In der Gertrudenstraße, an der Alten Mauer bei St. Aposteln, wie diese Straße an der Westseite der römischen Stadtmauer im Mittelalter hieß, lag das »Riesen-Brauhaus«. Schon 1476 findet man in den Biersteuer-Büchern ein Brauhaus, welches »Johann zum Riesen« hieß, allerdings ohne Straßenbezeichnung.
In der Säkularisation wurde das Gertrudenkloster der Dominikanerinnen, das seit 1279 existiert hatte, samt Klosterkirche abgebrochen. Der benachbarte Neumarkt wurde zum Exerzier- und Paradeplatz. Wo früher Chorgesänge erklangen, erschallten jetzt die Kommandos von der nahen Infanterie-Kaserne.
Da die Soldaten vom vielen Exerzieren und die Herren Unteroffiziere vom Kommandieren durstige Kehlen bekamen, gab es natürlich auch hier Bier- und Brauhäuser. Eines davon war die Brauerei von Joh. Strung, welche im Jahre 1855 gegründet wurde.
Erwähnt sei aber auch noch eine Besonderheit in der Vergnügungsmeile der Gertrudenstraße: Der »Gertrudenhof«, vulgo »Geistestätz«, ein Etablissement mit Paradiesgarten und Ballsaal im maurischen Stil. Der »Geistestätz« brannte 1878 ab. Ihm folgte der »Circus Carré«, aus welchem wieder das »Reichshallentheater« hervorging, in dem die Vorkriegs-Generation Operetten, Revuen und Varietés genossen hat.
Unser Foto entstand um die Jahrhundertwende. Damals gab es die Brauerei schon nicht mehr, sie wurde 1877 aufgegeben. Der letzte Brauer hieß Josef Koep.
Das »Riesen-Brauhaus« von Josef Keller bestand als Gasthaus bis in die zwanziger Jahre. Danach verliert sich sein weiteres Schicksal im Kölner Kneipen-Kosmos ...

Wirt und Stammgäste posieren »stiefstaats« vor dem Riesen-Brauhaus. Ein Gruppenbild, typisch für die Zeit der Jahrhundertwende.

Durch die Reste des römischen Nordtors fällt der Blick auf das »Salzrümpchen« von 1746, damals Spezialausschank der Hirsch Bräu.

»Zum Salzrümpchen«, An der Rechtschule 24

Hier wehte einst der Geist der Wissenschaft. Denn an dieser Stelle studierten die Studenten der alten Universität von 1388 die Juristerei. Daher der Name Rechtschule. Gegenüber, in der Laurentaner Burse, bereiteten sie sich auf das Studium vor. Hier lebten sie in Conventen zusammen. Doch sie haben nicht immer studiert. Hier flossen auch Wein und Bier.

Darum verwundert es nicht, wenn wir gerade in diesem Bereich eines der ältesten Kölner Brauhäuser finden: das »Salzrümpchen«. Bereits im Jahre 1286 wird das »Backhuys zum Salzrump« genannt. Im Jahre 1487 wird das Anwesen zweigeteilt. Eines der Häuser wird im Jahre 1589 von dem Brauer Michael Hermann aus Speyer für 1000 Goldtaler gekauft, der darin eine Brauerei betreibt.

Sie nannte sich »Brauhaus zum Salzrump« und bestand über Jahrhunderte hinweg. Der letzte Zunftbrauer, der gleichzeitig Bürgerhauptmann war, hieß Petrus Fuhrath.

Das Haus auf unserem Bild wurde 1746 erbaut. 1839 wurde die Brauerei von Peter Wilhelm Lauvenberg betrieben. 1898 wurde der Braubetrieb eingestellt; die Hirsch Bräu eröffnete hier eine Brauereigaststätte, die sowohl einen Bierausschank als auch ein Restaurant mit gediegener Konzertmusik beherbergte.

Das Haus war in ganz Köln bekannt und beliebt. In den Zwanzigern dieses Jahrhunderts verkehrte hier viel Sportprominenz.

Über die Herkunft des Namens »Zum Salzrümpchen«, der heute in einem Lokal am Salierring fortlebt, gibt es verschiedene Darstellungen. Am wahrscheinlichsten ist der Hinweis auf das nahegelegene Salzmagazin in der Römergasse.

Auch dieses alte Brauhaus wurde ein Opfer der Bomben. Nach dem Krieg wurde es nicht mehr aufgebaut. Der WDR erwarb das Grundstück zur Errichtung seines Funkhauses. Viel Mauer und Glas – alles etwas unterkühlt. Viel Kultur rundherum: Museum, Galerien, antike Möbel. Kein Kölsch weit und breit.

»Sic transit gloria mundi«, so hätten die Studenten der alten Universität gesagt.

Das »Dom-Bräues«, das heutige Brauhaus Sion, in der kleinen Altstadt-Straße Unter Taschenmacher seitwärts vom Alter Markt.

Brauerei Johann Sion, Unter Taschenmacher 5–11

Am Rande des alten Dombezirks, zwischen Dom und Rathaus, liegt die Straße »Unter Taschenmacher« oder »Under teschenmecheren«, wie sie im Mittelalter hieß. Am Anfang der Straße steht das bekannte Haus Saaleck oder »Zum Kaiser« (ab 1705) – ein wunderschöner gotischer Bau mit typischen Kreuzfenstern und Eckwarten, achteckigen Türmchen an den Hausecken, welche ursprünglich Spitzdächer besaßen. Die rechte Straßenseite vom Dom aus gesehen gehörte zur Pfarre St. Laurenz. Die Pfarrkirche befand sich am heutigen Laurenzplatz, gegenüber dem Rathaus am Senatshotel. Die Goldschmiede ebenso wie die Sporen- und Gürtelmacher hatten hier ihre Werkstätten, wie uns die Namen der benachbarten Gassen mitteilen. Das waren feine Adressen.

Die Häuser »Unter Taschenmacher« hatten dagegen durchaus bäuerliche Namen. Sie hießen »Zum roten Ochsen« (Nr. 5) und »Zum Verken« (Nr. 11). Daß die verarbeiteten Häute dieser Tiere hier namengebend waren, ist indessen Spekulation.

Das Haus Nr. 5–11, Stammhaus der Brauerei Johann Sion, wird zum ersten Mal im Jahre 1259 als Haus »Guitleiht« (Gutlicht) erwähnt. Später heißt es »Zum roten Schilde« (Nr. 7/9). Im »Haus Lichtenstein« (Nr. 5) wohnte im Jahre 1288 Richardus Comes (genannt Greve), ein »Medebruere« (Bierbrauer).

Einer der wichtigsten Rohstoffe zum Bierbrauen ist gutes Brauwasser. Da das Wasser aus den vorhandenen Brunnen genommen wurde, war die Nähe eines Pützes, wie die Brunnen in Köln hießen, Existenzgrundlage. Es ist daher bestimmt kein Zufall, daß der Pützhof, also der größte Brunnen des Bezirks, gerade hinter dem Haus liegt, das uns heute als jahrhundertealtes Brauhaus bekannt ist. Weiterhin ist uns bekannt, daß es sich den Brunnen mit dem Brauhaus »Zu Mühlenheim« in der Kleinen Budengasse teilen mußte. Beide Brauhäuser hatten einen gemeinsamen Ausgang zum Hof, dem Pützgäßchen, hin (wo sich heute das Hotel Europa befindet). Dieser Zugang bestand bis in die Vorkriegszeit. »Unter Taschenmacher« bestand das Haus Lichtenstein unter verschiedenen Besitzern das ganze Mittelalter hindurch.

Im Brauereiregister findet man es im Jahre 1838 wieder. Der Brauer heißt Christian Peter Herbertz. 1912 übernimmt Jos. Schwarz die Brauerei und nennt sie »Dom-Brauerei«. Ab 1915 macht Johann (Jean) Sion das Brauhaus zu einem der beliebtesten Brauhäuser der Stadt. Im Volksmund nennt man es liebevoll »Et Dombräues«.

Im Zweiten Weltkrieg wurde es völlig zerstört. Doch dem Elan und Aufbauwillen von Johann Sion verdankt es seine wiedererstandene heutige Form. Leider war die Brauerei an alter Stelle nicht mehr zu errichten. Gebraut wird heute außerhalb. Das Brauhaus heißt heute offiziell »Altstadtbräu«, doch im Herzen der Kölner ist es das »Dombräues« oder »Em Sion« geblieben.

Köbes auf dem Weg zur Kundschaft.

»Zur Stadt Coblenz«, Auf Rheinberg 9

Auf Rheinberg, einer kleinen Erhebung um die Kirche St. Maria in Lyskirchen, stand der Eckturm der römischen Stadtmauer am Rhein. Die kleine Straße zwischen Filzengraben und Rheingasse bestand aus einigen wenigen Häusern. Wo sich heute das renovierte, aber ungenutzte »Weinhaus Duhr« mit seinem für den Filzengraben einst typischen auf Pfeilern ruhenden vorspringenden Obergeschoß befindet, lag der Saphirenturm – eine kombinierte Wohn- und Befestigungsanlage, die dem Kloster St. Trond in Belgien gehörte. An der Ecke zur Rheingasse war das Bierhaus »Zur Stadt Coblenz«. Ein Doppel-Spitzgiebel ragte über das Parterre mit Zwischengeschoß, die Hausecke schmückte eine Muttergottesstatue.

Der Name »Zur Stadt Coblenz« ist nicht genau belegbar. Sehr wahrscheinlich wurde das Bierhaus nach der damaligen Verwaltungshauptstadt der preußischen Rheinprovinz, nämlich Koblenz, benannt.

Im Brauerregister von 1838 ist hier die Brauerei »Zum alten Thurm« verzeichnet, betrieben von dem Brauer Anton Baum. Die Brauer der kleinen Hausbrauerei wechselten allerdings nun fast im Zweijahresrhythmus, 1857 wurde der Braubetrieb eingestellt, der Bierverkauf aber lief weiter. Denn wo die berühmten »Ringroller«, die Schauerleute des Hafens, ihre durstigen Kehlen schmierten, da war zwar nicht immer das beste Publikum, wohl aber der beste Umsatz.

Auf unserem Foto aus dem Jahre 1929 befindet sich in dem Haus ein Brauerei-Ausschank der Hitdorfer Brauerei, wo man – für die damalige Zeit typisch – eher den nach Pilsener Art gebrauten Bieren den Vorzug gab.

Das Gebäude wurde im Krieg zerstört und modern wiederaufgebaut. Es beherbergt heute das »Hotel zum Steinbock«. Was immer heute das heißt – mit Bier hat es nichts zu tun.

Ausgenommen die beiden zum Rhein vorgelagerten Häuser am Leystapel, die in alter Form wiedererstanden, hatte diese Gegend ihr Gesicht und auch ihre Atmosphäre verloren. Das »Nachkriegsmilieu« war dem absoluten Nullpunkt nahe.

Doch allmählich begreift man auch in dieser Gegend, daß für das Rheinufer und die Altstadt eine neue Zeit angebrochen ist, und stellt sich um auf solide Gastlichkeit.

Am Rande der Hafengegend lag die »Stadt Coblenz«. Hier haben unter anderen auch die »Ringroller« ihren Durst gelöscht. Ein Foto von 1929.

Das Haus Töller an der Weyerstraße: Hinter dieser Fassade wurden etliche Kapitel Kölner Kneipengeschichte geschrieben.

Haus Töller, Weyerstraße 96

Die Weyerstraße war eine der wichtigen Ausfallstraßen der mittelalterlichen Stadt. Durch das mächtige Weyertor führte die alte Römerstraße nach Trier, eine der Hauptverkehrsadern nördlich der Alpen überhaupt.
Im Schatten dieses Stadttores siedelten sich seit dem 15. Jahrhundert verschiedene Brauhäuser an. Das erste finden wir im Magistratserlaß von 1412 unter den 21 Zunftbrauereien. Es ist das Brauhaus »Zum Juden«, auch »Zum wilden Mann« genannt, Hausnummer 43. Weitere dort ansässige Betriebe waren die Brauerei »Emmerich« (1476), die Brauerei »Zu den zwei Fäusten« (1568), Weyerstraße 89, die Brauerei »Zum Engel«, Weyerstraße 84/Ecke Huhnsgasse, die Brauerei »Zu den vier Heymons-Kindern«, Weyerstraße 54, und die Brauerei Töller, Weyerstraße 96.
Auf der kurzen Strecke zwischen Rothgerberbach und Weyertor existierten im Laufe der Jahrhundertwende also immerhin neun Brauereien – mit sehr langer oder auch sehr kurzer Brautradition. Die meisten entstanden gegen Ende des vorigen Jahrhunderts. Eine von ihnen war die Brauerei Th. Töller, gegründet im Jahre 1871. Bereits nach zehn Jahren wurde sie wieder geschlossen. Doch was dem Brauhaus nicht so richtig glücken wollte, gelang dann dem Gasthaus Töller. Im Laufe der Jahre erwarb es sich einen ausgezeichneten Ruf als Domizil echter kölscher Lebensart. Im Volksmund nannte man die Gastwirtschaft ehrerbietig »Zum Vater Töller«.
Es gibt viele Anekdoten aus dieser Zeit – von gefoppten Wirten und veralberten Stammtischbrüdern. Auch die Zwiegespräche zwischen den Köbessen und den Gästen sind Raritäten aus dem Schatz kölscher Lebensweisheit.
Eine sei hier erzählt. Gast zum Köbes: »Köbes, letzten Samstag wor dat Hämmche ävver größer!« – »Wo häste gesesse?« fragt der Köbes. »Am Finster«. »Ja«, sagt der Köbes, »alles klar, do kann mehr vun druße op dr Teller lure!«
Gleichsam zur Legende geworden ist der »reinliche Döres« Töller, der mit dem unvermeidlichen Wischtuch (»Plaggen«) in der Hand das Lokal in Ordnung hielt.
In den Zwanzigern übernahm Peter Esser das Haus Töller, auf ihn folgte sein Sohn Willy, danach folgten Pächter. Nach Krieg, Zerstörung und Wiederaufbau ist es heute längst ein lebendiges Stück kölscher Brauhaus-Geschichte.

»Em decke Tommes«, Glockengasse 39

Die Glockengasse ist natürlich durch die Adresse und das Firmensymbol einer dort ansässigen Kölnisch-Wasser-Marke weltbekannt. Wie jeder weiß, geht dieses auf die Hausnummer 4711 zurück, und die wiederum stammt von den Franzosen. Die brachten nach 1794 Ordnung in die etwas verschlafene ehemalige Reichsstadt, so auch, indem sie alle Häuser durchnumerierten.

Doch in der Glockengasse spielte das Wasser nicht nur als Duftwasser eine Rolle, hier brauchte man auch Brauwasser. Denn hier befand sich im Mittelalter das Zentrum des Kölner Brauwesens. Die Kolumba-Pfarre beherbergte nicht weniger als 26 Brauereien in ihrem Sprengel. Namentlich bekannt ist uns aus den Biersteuerbüchern von 1476 das Brauhaus »Andres enn der Klockengaß«. Wilhelm Scheben vermutet hierin die Brauerei »Em decke Tommes«. Als solche taucht die Brauerei namentlich erstmals im Zunftbuch von 1798 auf.

Im Jahre 1838 finden wir Heinrich Hummelsheim als Brauer in dem Haus Glockengasse 39. Seine Familie betreibt zur gleichen Zeit noch drei weitere Brauereien in Köln: also fast eine Bier-Dynastie. Doch etwa 20 Jahre später sind alle Hummelsheims wieder verschwunden. Dynastien-Schicksal . . .

Die Brauerei »Em decke Tommes« schaffte es noch bis 1891. Dann stellte auch sie den Betrieb ein. Der letzte Brauer hieß Jean Fuchs. Die Gaststätte »Em decke Tommes« bestand weiter. Nach Bürgern und Handwerkern zogen in den zwanziger Jahren die Künstler hier ein.

Die Gruppe progressiver Künstler, die sich »Em decke Tommes« traf, verstand sich als Revolutionäre, die mit der Kunst die Welt verändern wollten. Zu ihnen zählten die Maler Seiwert und Hoerle sowie der Fotograf August Sander.

»Em decke Tommes« wurde der erste der später so berühmt gewordenen »Lumpenbälle« veranstaltet. Es ging dabei über Tische und Bänke. Die Künstler schlüpften für Stunden in die Masken der Bürger, für welche sie das ganze Jahr über nur Verachtung übrig hatten.

Der »Decke (bzw. dekke) Tommes« wurde ebenfalls – wie so viele Altkölner Brauhäuser – ein Opfer der Bomben. Heute ist die Ecke Glockengasse/Hämergasse Teil eines Möbelhauses. Gegenüber hat sich ein Relikt des ehemaligen Geistes erhalten: Toni Dierse, Patriarch der Gaststätte »Kleine Glocke«, herrschte hier jahrzehntelang über Künstler, echte und vermeintliche Gesellschaftsveränderer sowie deren Mitläufer. Ihm zur Seite der zu früh verstorbene Arnold Faust mit Zeichenstift und Gitarre und der »Nationalhymne« der »Kleinen Glocke«, nämlich »Kalinka«.

Der »dekke Tommes« war in den zwanziger Jahren das Lokal der Künstler und Weltveränderer. Hier gab es den ersten »Lumpenball«.

In der »Zweipann« regierte »Schäbens Tünn«, ein kölsches Original. Außerdem berichtet die Chronik von wahren Rekordumsätzen an Kölsch.

»Zur Zweipann«, Breite Straße 17

Eine der berühmtesten »Bierstraßen« im alten Köln war die Breite Straße mit ihrer Verlängerung, der Ehrenstraße. Hier standen so berühmte Brauhäuser wie »Zum Palast«, »Zur Henne«, »Zum Holz«, »Zum Kaiser«, »Zum Bieresel«, »Zum Niehl« und »Zum Oertchen«. Konzentrierte Brauhistorie also ringsum. Doch selbst in dieser Schar illustrer Namen tat sich das Brauhaus »Zur Zweipann« noch hervor.

Die ersten Aufzeichnungen über das Brauhaus reichen bis in das Jahr 1234, wo in einem Erbschaftsverzeichnis ein Wilhelmus Braxator (Brauer) erwähnt wird, der auf der Breite Straße »columbaabwärts« wohnt. Wilhelm Scheben, der Brauer-Historiker, hält die »Zweipann« für die älteste Brauerei der Stadt Köln überhaupt.

Im Brauerverzeichnis, welches die Brauer zur Zeit der Auflösung der Zunft durch die französischen Revolutionstruppen nennt, lesen wir für das Brauhaus »Zur Zweipann« den Namen Ferdinand Ringelchen. 1868 ist als Besitzer der »Zweipann« Anton Hubert Scheben verzeichnet, ein Kölsches Original. »Schäbens Tünn« war der Neffe unseres Brauers und Historikers Wilhelm Scheben, stammte aus einer alten Brauerfamilie und übte dieses Handwerk auch selbst aus.

Der Name »Zweipann« rührt daher, daß das Brauhaus über zwei Braupfannen verfügte. Die gute Qualität seines Bieres war stadtbekannt. 1897 stellte die Brauerei ihren Betrieb ein. Man bezog nun das Bier von der Brauerei Bröhl an Lyskirchen, wo laut Lambert Macherey (»Kölner Kneipen im Wandel der Zeit«) in den 90er Jahren das beste Kölsch gebraut wurde.

Von Macherey stammt auch die Überlieferung der Geschichte, daß in der »Zweipann« an einem heißen Sommersonntag von einem Zappes und zwei Köbessen 33 Hektoliter ausgeschenkt wurden. Hochrechnung: 33 hl = 3300 l = 13 200 Glas à 0,25 l = 880 Kränze insgesamt = 73 Kränze pro Stunde = ca. 36 Kränze pro Stunde und Köbes – also alle 2 Minuten ein Kranz Kölsch.

Wenn das stimmt, dann gehören diese Köbesse, aber auch die Gäste der »Zweipann« ins Guinness-Buch der Rekorde. Auf jeden Fall aber in den Bier-Himmel.

Leider lag die »Zweipann« an der Stelle, wo heute die Nord-Süd-Fahrt die Breite Straße kreuzt. Damit kam die Kölner Brautradition wieder einmal buchstäblich unter die Räder.

Davor und danach: Die Barbarossa-Brauerei vor dem Krieg (rechts) und nach der Zerstörung im Jahre 1946. Einzig stehengeblieben ist der Kamin des ehemaligen Sudhauses. Er reckt sich wie ein mahnender Finger in den Himmel. Die Kölner Brau-Wirtschaft lag am Boden.

»Hopfenperle« und »Gerstenstroh«

Krieg, Stunde Null und Wiederaufbau

Eine Ausdrucksform von Kultur ist Geschichtsbewußtsein, das Besinnen auf die eigene Vergangenheit. Die Erkenntnis begangener Fehlleistungen und menschlicher Unzulänglichkeit führt zu neuen Einsichten, welche oft schmerzlich, aber auch hilfreich und heilsam sind. Eine davon ist, daß kulturelle Errungenschaften nur im Frieden zu bewahren sind.

Der Zweite Weltkrieg war das exakte Bei-

Das Brauhaus Früh, Am Hof, zu der Zeit, als Köln in Schutt und Asche lag.

spiel dessen, was menschliche Überheblichkeit und Selbstüberschätzung anrichten können. Die Quittung waren Tod und Vernichtung. Der Bombenteppich, der die Stadt Köln von 1942 bis 1945 überzog, kostete 20 000 Menschen das Leben und zerstörte 90 Prozent von Kölns Innenstadt. Köln erlebte insgesamt 262 Luftangriffe, von denen der »Tausend-Bombenangriff« am 30. Mai 1942, der »Phosphor-Angriff« am 29. Juni 1943, bei dem die ganze Altstadt vernichtet wurde, und das »Finale«, der Angriff am Vormittag des 2. März 1945, die makabren Höhepunkte bildeten.
Um das Ausmaß der Katastrophe zu realisieren, muß man sich vorstellen, daß die Zahl der Bombenopfer etwa der Einwohnerzahl einer Stadt wie Jülich entsprach. Und Hunderttausende wurden obdachlos, sie mußten Köln verlassen.
Ende des Krieges lebten in den Trümmern einer Stadt von ehemals 750 000 Einwohnern noch etwa 40 000 Menschen. Die Altstadt war fast menschenleer und total unbewohnbar.
Waren die Bombennächte ein infernalischer Chor apokalyptischer Musikanten gewesen, so kam das Kriegsende relativ still. Als letztes Aufheulen ertönte am 2. März 1945 noch einmal das Geräusch explodierender Luftminen, das Bersten einstürzender Mauern, gemischt mit dem monotonen Brummen der Bomber und dem Schreien sterbender Menschen. Dieser Tag gab der geschundenen Stadt den Rest.
Vier Tage später war der Krieg für Köln zu Ende. Es herrschte Grabesstille. Die Stunde Null war da.
Wie Kölns Industrie, Handel und Wandel überhaupt, so war natürlich auch das ehemals blühende Brauwesen am Boden zerstört.
Schon beim ersten großen Luftangriff am 30. Mai 1943 fiel das »Dombräues«, die Brauerei Johann Sion, Unter Taschenmacher, in Schutt und Asche. Vielen Kölner Brauereien erging es danach ebenso. Ein besonderes Schicksal erlitt die Brauerei Früh am Hof: Nachdem sie 1943 zum ersten Mal, von Bomben getroffen, ausbrannte, wurde sie 1944 zum zweiten Mal

Das Brauhaus Früh nach dem Wiederaufbau.

ein Raub der Flammen. Damit nicht genug – durch die Unachtsamkeit englischer Besatzungssoldaten geriet sie 1945 ein drittes Mal in Brand.
Was im übrigen die alliierten Bomber nicht schafften, gelang den braunen Machthabern mit ihrer Kriegsbewirtschaftung. Die Mangelwirtschaft der Kriegsjahre manifestierte sich in ständig sinkenden Hopfen- und Gerstezuteilungen. Das bedeutete eine Reduzierung der Stammwürze des Kölsch, was wiederum zu Lasten von Geschmack und Alkoholgehalt ging. Um nun wenigstens den optischen Eindruck des Bieres zu erhalten, erlaubte man den Zusatz von Zukkercouleur. Das so hoch geschätzte Reinheitsgebot wurde einfach aufgehoben. Man trank ein sogenanntes »Lagerbier«. Doch auch dessen Produktion war kaum noch aufrechtzuerhalten, da die Brauereien durch Zerstörung und aus Mangel an Ersatzteilen immer öfter stillgelegt wurden. Auch die Energieversorgung stellte die Brauer vor oft unlösbare Probleme.
Hinzu kam das Fehlen von qualifizierten Fachleuten. Sie waren entweder Soldaten oder starben daheim im Bombenangriff. Wie zum Beispiel der Brauer Carl Reiss-

Das Brauhaus Sion, Unter Taschenmacher, in seiner heutigen Form.

dorf, der auf einem Geschäftsgang am Vormittag des 2. März 1945, also wenige Tage vor Ende des Krieges, vom letzten schweren Bombenangriff auf Köln überrascht wurde. Er blieb spurlos verschwunden.

In der ersten Zeit nach dem Zusammenbruch hatten die Leute andere Sorgen – man war froh, daß man lebte. Die Brauereien waren weitgehend zerstört. Gaststätten gab es kaum noch. Rohstoffe fehlten. Männer, die Bier hätten brauen können, waren teils in Gefangenschaft, teils evakuiert.

Die ersten, die wieder brauen ließen, waren die englischen Besatzungstruppen. Sie bezogen ihr sogenanntes »Naafi-Bier« von der Brauerei Metzmacher in Frechen.

Doch ganz allmählich kochte es wieder in Kölner Sudpfannen. Zuerst ganz still und heimlich, denn bei der Beschaffung der Rohstoffe ging es nicht immer ganz astrein zu. Da gibt es die Anekdote, daß bei Nacht und Nebel ein Waggon mit wertvollem Hopfen, der bei Kriegsende in einem Tunnel im Kölner Umland liegengeblieben war, mit der Zugmaschine einer kölnischen Schokoladenfabrik unter den Augen der Militärposten in die Stadt gezogen wurde. Oder aber: Bierfässer wurden in Krankenwagen transportiert oder auf Handkarren als Schmuggelware durch die Stadt gefahren. Das war die Zeit, als Bierbrauen zum Abenteuer wurde!

Und es war die Zeit, als die Menschen im Trümmerhaufen Köln von Maisbrot, Kaffee-Ersatz, Pellkartoffeln und allen möglichen »Kunst- und Ersatz«-Produkten lebten. Es gab Eiweißpastete und eine graue Masse, die Kunsthonig hieß – natürlich als Zuckerersatz. Entsprechend hoch war der sogenannte »Nährwert«.

»Geistige Getränke« gab es kaum, höchstens einmal eine Flasche »Knolli Brandy« oder »Cherry Knolli«. Das war selbstgebrannter Schnaps aus Rüben. Als »Hopfenperle« oder auch »Gääschtestrüh« (Gerstenstroh) war ein Dünnbier in Umlauf, das auch im entferntesten nicht mehr an Kölsch erinnerte. Einen echten Tropfen gab es nur auf dem »schwarzen Markt«. Dessen Preise waren indessen für normale Sterbliche unerschwinglich.

In einer Einladung der »Ehrengarde« zu einem gemütlichen Treffen mit Damen am 2. März 1946 im Haus Töller heißt es, daß es einen »Kaffee mit Friedensaroma« gebe, und daß für die »Bouillon met Röggelche« 100 g Brotmarken zu entrichten seien. Das war dann schon gehobener Luxus!

Einige Begriffe aus jener Zeit seien noch genannt, die uns heute weitgehend unverständlich sind. Die »Selbstzucht« beispielsweise war der im eigenen Trümmergarten gezogene Tabak, den man bei »Pfeifen-Heinrichs« unter der Hohenzollernbrücke gegen fermentierten Tabak umgetauscht bekam. »Aktive« waren Fabrikzigaretten wie »Bosco« und »Sondermischung«, und »Föxe« waren Zigarettenkippen, die man zu Hause »wiederaufbereitete«.

Allmählich aber siegte in Köln der Überlebenswille über die Lethargie. Auf einem Foto von August Sander von 1946 sieht man, wie zwischen den Trümmern vereinzelt Behelfsheime entstanden und kleine

Die Straße Unter Taschenmacher und der Rest von Sion nach dem schweren Bombenangriff vom 30. Mai 1942. Ganz rechts das Haus Saaleck.

Um die »Wirtschaft zum roten Ochsen« tut sich nichts mehr – Trümmer ringsum. In diesem Rheinviertel blieb nichts mehr heil.

Der »rote Ochse« heute – im Rheinviertel ging es allmählich wieder aufwärts.

Gemüsegärten angelegt waren. Auf Trampelpfaden zwischen den Ruinen laufen Menschen mit Handkarren.

Ein zuverlässiger Gradmesser für den Wiederbeginn eines normalisierten Alltags in der fast völlig zerstörten Stadt ist das erste Nachkriegstelefonbuch vom 15. 1. 1946, dessen korrekter Titel lautete: »Amtliches Fernsprechbuch – Official Telephone Directory«. Viehhändler, Metzger und Lebensmittelgroßhändler tauchten da wieder auf, auch Kartoffel- und Saatguthändler waren »in«. Daß Ärzte und Apotheker als erste benötigt wurden, ist verständlich. Architekten und Baufirmen starteten aus politisch neutralen Startlöchern. Die lange Unterdrückten und Verfolgten konnten wieder aufatmen und ins Licht treten, wie die Katholiken, Protestanten, die Synagogengemeinde in der Ottostraße, die Sozialdemokraten und die KPD, die Jesuiten und die Gewerkschaften.

Der kölsche Uradel, die »Schmitze«, die heute das Telefonbuch auf neun Seiten füllen, waren bis auf 16 zusammengeschmolzen, inklusive der »Doppel-Schmitze«.

Die Stadtverwaltung arbeitete fast wieder normal, aber eben nur fast. Da standen 1946 neben heute geläufigen Ämtern auch die Fürsorgestellen für die Großbunker, für politisch Verfolgte, für Rückkehrer und das Amt für Volksspeisung.

Die Kölner Berufsdetektive waren schon wieder an der Arbeit, vier Frauen und zwei Männer. Der Nordwestdeutsche Rundfunk teilte sich Adresse und Telefonnummer mit der »Broadcasting Control Unit«.

Das Verzeichnis enthielt schon wieder das A–Z der deutschen Wirtschaft: von Agfa bis Zuckerfabrik Brühl.

Aber auch die Unterhaltung hatte sich den Trümmerstaub von den Kostümen geklopft und telefonierte wieder: die Millowitsch-Heimatbühne, die Humoristin Grete Fluss, der Konzertsänger Willy Schneider und der Kölner Männer-Gesang-Verein.

Doch wer sorgte nun für den Gerstensaft? Welcher Brauer griff denn 1946 schon wieder zum Telefon? Es waren ganze drei, die das Inferno überstanden hatten: die Dom-Brauerei Carl Funke AG in Bayenthal, Tacitusstraße, die obergärige Brauerei in der Gaffel auf dem Eigelstein und die Brauerei Ernst Sünner in Junkersdorf. Sie waren geblieben – von 33 Brauereien im Telefonbuch von 1938.

Auf den Grundmauern der alten Stadt entstand eine neue. Allen anderen Bestrebungen zum Trotz hielt man am alten Grundriß fest. Peter Fuchs schreibt in seinem Buch »Köln damals gestern heute« den Satz: »Köln, eine neue Stadt mit altem Geist – eine alte Stadt mit neuem Geist.« Eine Kompromißformel zwar, aber eine, die man als typisch kölsch bezeichnen könnte.

Die Brauer im Rheinland rappelten sich auf. Der Brauerverband konstituierte sich wieder. Im Juni 1945 wurde der »Verband Mittelrheinischer Brauereien« gegründet, 1946 folgte der »Verband Nordrheinischer Brauereien«, der »Brauereiverband der britisch besetzten Zone Deutschlands«, und 1949 wurde auch der »Deutsche Brauerbund« wieder gegründet. Die Brauer hatten wieder Mut gefaßt – der Wiederaufbau konnte beginnen.

»In gewissem Sinne Kulturstätten . . .«

Die typische altkölnische Weetschaff im 19. Jahrhundert

Es leuchtete nicht über den Türen der Brauhäuser, aber es glühte am Eingang. Den Weg in die typische altkölnische Weetschaff in der Mitte des vorigen Jahrhunderts wies der »Luhstock«, ein Ziegel aus gepreßter Gerberlohe, der neben dem Eingang in einem eisernen, korbartigen Gestell vor sich hinqualmte. Nach altem Brauch diente dieser Loh-Kuchen zum Anzünden der Pfeifen und wohl auch zum Händewärmen.
Ein zweites unverwechselbares Kennzeichen der rund 120 Brauhäuser innerhalb des alten Stadtgebietes war ein halbrunder, aus geschälten Weiden geflochtener Hopfenkorb als Wahrzeichen der Brauerei. Er baumelte vom »Gringkopp«, dem fratzengesichtigen Schlußstein des Torbogens, und wer hineinwollte, mußte den Korb erst beiseite schieben.
Dahinter öffnete sich der Weg in den Hausflur, der an der Gaststube vorbei zu Brauerei und Kellern führte – der typische Grundriß alter Kölner Brauhäuser, wie er heute nur noch in wenigen Beispielen (Päffgen, Töller) erhalten ist.
Der Hausflur diente später den »ständigen« Gästen zu einem Bier auf die Schnelle. Um 1800 hingegen war er noch einer besonderen Spezies von Leuten vorbehalten: dem Henker und seinen Knechten, den Abdekkern, den Knechten des Gewaltrichters, die das Bettelvolk zu beaufsichtigen hatten. In reichsstädtischer Zeit gehörten auch die Stadtzaldaten, die Funken, in den Flur – auch wenn sie als ein wenig geringer »unehrlich« galten als die Henker. Ihr Bier durften sie nur aus zerbrochenen Krügen ohne Deckel und niemals aus einem heilen Gefäß trinken. Die »égalité« der französi-

schen Revolution machte dieser Klassentrennung nominell ein Ende – aber auch dann blieb, wie Ernst Weyden beobachtete, der Hausflur immer noch »gewissen Klassen« vorbehalten.

Der Chronist von »Köln am Rhein vor 50 Jahren« (1862) bemerkte zum Innenleben einer altkölnischen Weetschaff unter anderem: »In den selbst von den däftigsten Bürgern besuchtesten Bierhäusern herrscht patriarchalische Einfachheit.«

Gleichwohl gliederte sich jedenfalls in den besseren Brauhäusern die Weetschaff in eine allgemeine Gaststube und eine Herrenstube. In beiden herrschte ein »ungewisses Helldunkel« (Weyden), beide waren bis zu halber Höhe mit Eichenholz getäfelt, schwere Tische und Bänke ebenfalls aus Eichenholz bildeten das Mobiliar. Auf den Tischen qualmten in eisernen Leuchtern mit kupfernem Aufsatz Talglichter (»Unkelskääze«), deren trübe, sparsame Flämmchen mühsam gegen den Tabaksqualm ankämpften.

Denn geraucht wurde in der Weetschaff reichlich, wenn auch in unterschiedlichen Formen. In der allgemeinen Gaststube rauchte man aus Tonpfeifen, auch »äde Notz« oder gelegentlich »Nasenwärmer« genannt. An der Wand der Herrenstube lagen auf Gestellen lange irdene Pfeifen zur freien Benutzung, wie sich Hermann Bekker in seiner Beschreibung altkölnischer Wirtshäuser (1922) erinnert. Hygiene anno damals: Wer eine Pfeife benutzt hatte, brach ein Stück vom Pfeifenrohr ab und legte sie wieder zurück. Feinere Leute brachten ihre Meerschaumpfeifen mit, die sie im Leder- oder Seidenfutteral bei sich trugen. Für alle aber stand Gratis-Tabak auf dem Tisch, neben einem Stövchen mit glimmenden Holzkohlen. Es war »Havanna vor dem Hahnentor« oder Tabak vom Eigelsteintor oder aus dem »Weyerküülche«, einem Anbaugebiet am Weyertor. Zigarren konnte sich der Normalverbraucher seinerzeit noch nicht leisten. So griff mancher auch zu Pfeifen mit Köpfen aus Gips, die in Leinöl gekocht waren. Diese Art von Raucherei muß indessen ganz schön umweltfeindlich gewesen sein, wie Hermann Becker schreibt: »Solche Pfeifen konnte man aber die ersten Wochen nur im Freien, fern von der Menschheit rauchen. Denn sie rochen, wie wohl eine Komposition von Bückingshaut, Lebertran und alten Kommißstiefeln riechen würde, falls man sie anzündete . . .«

Unser Exkurs über das Rauchen ist etwas ausführlich geraten. Schließlich wurde in der Weetschaff ja auch getrunken. Aber dies geschah eben in dickem blauen Dunst, und wer »zum Bier ging«, wie es damals hieß, hatte den Qualm erst einmal zu durchdringen, bevor er der »Pooschte« ansichtig wurde. Das waren die Vorgänger der heutigen Köbesse, die in Krügen das Bier aus dem Keller in die Gaststube schleppten und dort ausschenkten, bevor später im Hausflur aus dem Faß gezapft wurde.

Und es war beileibe nicht nur eine Biersorte, die da auf die blankgescheuerten Tische kam: Getrunken wurde je nach Jahreszeit »Märzer« (im Frühling), »Alt« und »Steckenalt« (im Sommer), »Knupp«, »Jungbier« oder »Halv un Halv« (im Herbst und im Winter).

Das allgemein gebräuchliche Trinkgefäß war ein Steinzeugkrug mit einem Zinndekkel. Krüge dieser Art hingen in ausreichender Zahl an den Wänden – Gläser gab es für die breite Masse der Gäste noch nicht. Solchen Luxus konnten sich nur reiche Leute leisten, die ihr Glas von daheim mitbrachten, zum Schutz vor Bruch in ein geflochtenes Weidenkörbchen gepackt.

Daß das Bier vor 150 Jahren einer gewissen – und für uns heute kaum begreiflichen – Geschmacksverbesserung bedurfte, geht aus dem Umstand hervor, daß jedermann eine Muskatnuß (»Beschot«) samt einer kleinen Reibe bei sich trug, mit der er Muskat ins Bier rieb. Schon eher verständlich ist da die Sitte, eine Zitronenscheibe ins Bier zu geben – das war dann so etwas wie bayerisches Weizenbier op Kölsch.

Ein unverwechselbares Merkmal des Brauhausbetriebes war das »Thekenschaaf«. Hier, »en dr Thek«, saß der Brauherr oder Wirt – mit dem Überblick über Gaststube und Hausflur und damit über das gesamte

Straßenstück Am Frankenturm, gezeichnet von dem Kölner Architekten Roland Anheisser um die Jahrhundertwende.

Geschäft, während seine »Pooschte« im blauen Wams und blauer Schürze (sonntags weißbeschürzt) das Bier schleppten.
Der Betrieb konzentrierte sich im übrigen weitgehend auf den Abend. Einen ausgedehnten Frühschoppen kannten die Kölschen noch nicht. Man nahm allenfalls zwischen Frühstück und Mittagessen ein Bier oder »e Köönche« im Vorbeigehen zu sich. Mittags wurde üblicherweise daheim gegessen, so daß in der Weetschaff Wirtsfamilie und Gesinde beim Essen weitgehend unter sich waren. Denn »junge, fremde Leute speisten der Billigkeit halber bei ihren Mietsleuten« (Becker) – obwohl das Gasthausessen nicht eben teuer war. So bekam man beispielsweise im »Bier-Esel« einen Teller Suppe, ein Schweinekotelett und »düchtig Ädäppel« für 40 Pfennige (um 1860).
Abends ging es dann um so munterer zu, wobei Kartenspielen besonders beliebt war. Die Spiele hießen Sibbeschröm, Napoleon, Gäle, Zwicken oder Tuppen, Jüddele, Herzblättchen oder Kreuzmariage.
Am Stammtisch versammelten sich abends »lauter würdige Männer aus der Nachbarschaft«, wie Heinrich Becker beobachtete: »Diese Stammgäste waren meistens Spezereikrämer, Händler, Bäcker und Metzgermeister, alles in ihren Kreisen sehr angesehene, meist auch wohlhabende Leute.« Sie trugen fast immer eine Kopfbedeckung, gestickte Hauskäppchen oder eine seidene Kappe in der Woche, sonntags den Zylinder.
Es fällt auf, daß an einem solchen Stammtisch eine bestimmte Schicht überhaupt nicht repräsentiert ist: die »Intelligenz«. Um 1860 traf diese sich wohl mehr in den zahlreichen Weinhäusern, und nur zu bestimmten Gelegenheiten fand sie den Weg ins Brau- und Bierhaus, als »eine Gesellschaft, die sich wesentlich von den gewöhnlichen Spießbürgern, die dieses Haus besuchten, unterschied«, wie Hermann Becker am Beispiel des »Bier-Esel« belegt.
Da waren sie, die Maler, die Bildhauer, die Lithographen, die Redakteure wie Beckers Vater, renommierter Kunstkritiker der »Kölnischen Zeitung«, die Dichter und Schriftsteller – fröhlich vereint auf der Kegelbahn, die auf einem römischen Mauerrest errichtet, war. Erst Jahrzehnte später wird der kölsche »Stammdesch« ein Treffpunkt für Leute aller Stände und Berufe sein.
Becker hat seine Betrachtung »Altkölnische Wirtshäuser« als einen »kleinen Beitrag zur städtischen Sittengeschichte« gemeint. Bezeichnenderweise stellt er sein Fazit dieser Betrachtung voran, und er hätte gewiß nichts dagegen, wenn wir den folgenden Passus aus seinem – längst vergriffenen – Buch im Originalton zitieren:
»Sind auch nicht alle Wirte direkt als Träger und Pfleger der Kultur anzusprechen, so sind doch viele Wirtshäuser in gewisser Hinsicht als Stätten der Kultur zu bezeich-

nen. Abgesehen davon, daß schwache Charaktere durch den fleißigen Besuch von Schankstätten in den Sumpf geraten können, manche auch dadurch hineingeraten, so haben viele Wirtshäuser jedenfalls das Gute an sich, daß durch die Geselligkeit, die darin geübt wird, die Umgangsformen gebessert und durch die Unterhaltung oft Belehrung, Anregung und Erholung geboten wird.
Jedenfalls waren die Wirtshäuser, von denen ich hier rede, in gewissem Sinne als Kulturstätten zu bezeichnen. Viele von den Leuten, die sie besuchten, haben – jeder zu seiner Zeit und auf seine Weise – auf den Gebieten von Wissenschaft und Kunst, Industrie und Handel, als Beamte und Offiziere in ihren Berufen ganz Tüchtiges geleistet. Man darf sogar die Behauptung aufstellen, daß sie mehr oder minder zu dem geistigen Aufschwung, der sich in der ersten Hälfte des 19. Jahrhunderts langsam in Köln vollzogen hat, ihr Teil beigetragen haben . . .«

Der Brauhausgast von heute wird sich beklommen fragen, ob man solches von ihm in hundert Jahren auch noch schreiben wird.

Der halven Hahn.

De mihste Freud der Kölsche hät,
Ov Bürgerschmann, ov Rhingkadett,
An echtem Wiess, we meer et han,
Un an 'em leck're »halven Hahn«.

Gruss aus Köln!

sendet Allen
Anna Heinrich
u. Hertha!

Laßt's Euch gut schmecken!

Als man noch keinen Deckel machen konnte

Die »Bieruntersetzer« sind keine 100 Jahre alt

Bei einem echt kölschen Klaaf gibt bekanntlich ein Wort das andere und ein Kölsch das nächste. Und ein gewisses Glücksgefühl wie nach getaner Arbeit stellt sich ein, wenn »der Deckel rund« ist. Dann hat der Köbes endgültig keinen Platz mehr für ein »Pöözge«, wie man die Anschreibweise mit vier senkrechten Strichen und einem Querstrich nennt. Sie erleichtert nach der x-ten Runde enorm die Übersicht.
Der eine oder andere Gast versucht dann schon einmal, »ene Deckel zo maache« – also die Zeche anschreiben zu lassen. Was wiederum von der Kulanz des Wirtes abhängt. In Brauhäusern ist dieser Brauch jedoch nicht Usus ...
Eine ganz andere Frage ist: Seit wann gibt es denn eigentlich Bierdeckel? Ein gewisser Herr Sputh aus Dresden soll, dem »Bierlexikon« zufolge, im Jahre 1892 ein Patent auf runde und eckige Holzfilzplatten (»als Bierseideluntersetzer geeignet«) zum Patent angemeldet haben. Heute werden ungefähr zwei Milliarden Bierdeckel im Jahr produziert und unters Bier gebracht. Ihre Markenbezeichnungen und ihre Motive sind nicht zu zählen. Nicht einmal von den Sammlern, die Tausende davon an der Wand oder in der Schublade haben.
Kölner Brauereien versehen ihre Bierdeckel gern mit altkölnischen Motiven und mit kölschen Originalen. Viele sind Werbeträger und Kunst- und Graphikobjekt in einem.
Wie aber hielt man es im Rheinland mit den Bieruntersetzern, als es noch keinen Deckel gab? Entweder standen die Krüge und Gläser auf dem blankgescheuerten Tisch. Oder sie wurden – wie auf der Abbildung zu sehen – auf kleine Porzellanuntersetzer gestellt. Die Anzahl der getrunkenen Biere errechnete sich aus den aufeinandergetürmten Tellerchen. In den einfacheren Häusern, in denen es solche Untersetzer nicht gab, schrieb die Bedienung mit Kreide auf einer Tafel an.
Was besagt: Als man noch keinen Deckel machen konnte, wird mancher gelegentlich in der Kreide gestanden haben.

Ein Loblied auf Halven Hahn und »Wieß«, das ungefilterte Bier, das dem heute weithin vorherrschenden blanken Kölsch vorausging.

Von Pinten, Schnellen und Stangen

Die Entwicklung der kölschen Trinkkultur

Der Kölner Boden hat im Lauf der Zeiten so viele römische Trinkgefäße preisgegeben, daß sich daraus eine umfassende Werkschau römischer Glasherstellung ergibt. Woraus jedoch die Kölner seit dem frühen Mittelalter ihr Bier getrunken haben, dafür fehlen uns die Originalzeugnisse – obwohl das Brauwesen schon vor über tausend Jahren in Blüte stand.
Erst in der Mitte des 16. Jahrhunderts kam der große Durchbruch: Da wurden gebrannte Tonkrüge, sogenannte Pinten, mit

Von der Pinte des 16. Jahrhunderts (links unten) über die Schnelle (links oben) zum Luxus-Kölschglas für besondere Anlässe (rechts).

Figuren und Ornamenten dekoriert auf den Märkten Kölns angeboten. Zentren der Keramikherstellung waren der Siegburger, Frechener und Raerener Raum. Tonkrüge wurden auch aus dem Westerwald geliefert, wo im Kannenbäcker Ländchen ja heute noch die vielfältige Tradition und Produktion fortgesetzt werden.

Natürlich gab es auch Töpfereien in Köln selbst. Sie hatten ihre Blüte in der ersten Hälfte des 16. Jahrhunderts, bevor sie nach ständigem Kampf mit dem gestrengen und hochweisen Rat der Stadt nach und nach aufgaben: Ihre Brennöfen bildeten eine ständige Brandgefahr, außerdem trieben die Töpfer mit ihrem hohen Holzbedarf die Brennholzpreise in die Höhe. In der Folgezeit waren es daher vorwiegend die Frechener »Düppenkrämer«, die ihre Ware in Köln feilboten.

Auf die Pinten folgten dann die Schnellen. Das waren hohe, elegante Keramikkrüge, die besonders reich dekoriert und oft mit schönen Allegorien versehen waren. Die bekannteste war wohl die »Siegburger Schnelle«.

Erst das Industriezeitalter brachte das Bierglas als Massenware. Zum beliebtesten Bierglas für Kölsch entwickelte sich die auch heute noch allenthalben gebräuchliche Kölner Stange, ein dünnwandiges, schmalhohes Glas von in der Regel 0,2 l Inhalt. In diesem zylindrischen Gefäß bleibt das Kölsch kühl und frisch – und es gibt keinen appetitlicheren Anblick als den vom Kranz Kölsch, den der Köbes frischgezapft durch die Gaststube trägt.

Es gibt inzwischen auch ein zeitgemäßes Luxus-Kölschglas, mundgeblasen und für besondere Anlässe mit besonderen Motiven verziert. Der normale Kölsch-Trinker wird aber auch in Zukunft bei der Stange bleiben.

»Gestatten: Köbes!«

Kleine Typologie des kölschen Kellners

Zu den typischen Merkmalen einer kölschen Weetschaff gehören: das Kölsch als solches, die kölsche Foderkaat, die Einrichtung – und der Köbes. Der wiederum gehört zur Einrichtung. Köbesse gehören zum kölschen Biertum wie et Salz en de Zupp. Niemand weiß so recht, wann sie genau die Szene der Bierwirtschaften und Brauhäuser betreten haben. Aber seit sicherlich 200 Jahren sind sie auf der Szene. Brauknechte waren sie früher, auch „Pooschte« (Burschen) genannt, die Fässer rollten, anschlugen und zapften. Ihre unverwechselbare Kleidung war das blaugestrickte Wams, blauleinener Schurz, die lederne Geldtasche umgeschnallt.

Das Strickwams ist seltener geworden, oft tragen sie heute weiße oder blaue kurzärmelige Hemden. Aber sie heißen nach wie vor alle Köbes (deutsch: Jakob). Also ist das kein Vorname, sondern ein Gattungsbegriff – und die Mehrzahl von ihnen macht der Gattung alle Ehre.

„Eß fründlich, maneerlich, vör allem grundehrlich un immer fidel: Ne prächtige Kääl!« So reimte der Kölner Mundartdichter Peter Berchem auf diese einmalige Mischung von Autorität und antiautoritärem Service.

Da Köbes kein Lehrberuf ist, sondern irgendetwas zwischen Dasein und So-Sein, zwischen Tätigkeit und Weltanschauung, mangelt es denn auch am klaren Berufsbild – weshalb sich der Beobachter naturgemäß eher dem Erscheinungsbild zuwendet.

Für die Gattung allgemeingültige Merkmale wären demzufolge unter anderem folgende, gängige Klischees inklusive:

Köbesse scheinen ein zweites Gesicht für Gesichter zu haben. »Un do? E Kölsch? Wie immer?« lautet die Frage an den Gast. Nur ganz schwer Magenkranke sollen mal mit »Nein« geantwortet haben. Für alle anderen erledigt sich die Bestellung ebenso von selbst wie das Problem der Anredeform. Bekannte und Unbekannte, Nahe und Ferne, Eingeborene und »Imis« sind glückliche Mitglieder der Köbes'schen Duz-Familie.

Köbesse servieren links wie rechts; Besteck und Serviette akkurat hinzulegen, käme ihnen nicht in den Sinn – man ist schließlich kein Serviermeister! Und klappt etwas nicht auf die Minute, dann folgt einer allfälligen Reklamation die beste aller Erklärungen auf dem Fuße: man, Köbes, habe schließlich auch nur zwei Hände.

Köbesse haben es schwer. Sie haben schwer zu schleppen und müssen lange Wege lau-

Der gute Köbes zapft seinen Kranz Kölsch, ohne abzusetzen. Dann macht er sich – fast immer – ohne Zögern auf den Weg zum Gast.

fen, allerdings nicht mehr ganz so hektisch wie einige Kollegen von einst. Vor der Jahrhundertwende, so wird aus der »Zweipann« des »Schebens Tünn« berichtet, wurden an heißen Sonntagen bis zu 33 Hektoliter gleich 12 000 Glas Bier von ganzen zwei Köbessen und einem Stift an den Gast gebracht!

Heute hingegen liegt die Erschwernis des Köbes-Daseins auch darin, daß der dienstbare Freund bei Wind und Wetter das kalte Kölsch trinken muß, welches ihm die Gäste gern spendieren, weil ihnen ständig der Song »Drink doch eine met« im Kopf herumgeht.

Da uns nun nicht im geringsten daran liegt, die Gattung und/oder den Menschen Köbes zu veräppeln, sollte konkret von guten Eigenschaften die Rede sein:

Köbesse sind fix und aufmerksam. Köbesse sind – Unikum oder Unikat? – größtenteils geborene Entertainer. Wer bei ihnen nichts zu lachen hat, ist selber schuld. Köbesse sind gute Freunde, voller Anteilnahme und guter Ratschläge. Köbesse kennen die Welt allein schon deswegen, weil dieselbe stets in ihrem Revier zu Gast ist – und die Welt ist eben klein.

Köbesse sind Nachrichtenbüros und Philosophen, Beichtväter und Internisten (»Wat? Noch ene Schnaps? Bei dingem rude Kopp?«). Ohne Köbesse wäre die kölsche Kneipe so farblos wie der Dom ohne Schweizer.

Der Reporter eines überregionalen, in Hamburg erscheinenden Publikumsmagazins hat einmal die Kühnheit besessen, bei »Früh« statt Kölsch einen Tee zu bestellen. »Biste krank?«, fragte der Köbes zurück. »Ich glaube, ich bin auf der Intensivstation!« Der Reporter befand: »In Köln ist der Kellner immer in der Bütt, und das beste ist, man geht mit rein.«

Daß ein Köbes im Dienst jedoch mal einen amtierenden Bundeskanzler geduzt haben soll – diese Nachricht hat das besagte Magazin bislang exklusiv, ebenso wie das (mögliche) Dementi.

»Beichtstühle« in Kölner Brauhäusern

». . . passe op alles op un maache Häufjer«

»Der Inhaber, rund wie eine Tonne, machte stets stumm wie ein Fisch seine ›Häufchen‹ Groschen in der altväterlichen Schenkentheke – das äußere Sinnbild der Kölner Wirtsstube, in dessen nächster Nähe der Stammtisch stand . . .« So heißt es bei Lambert Macherey (Kölner Kneipen im Wandel der Zeit 1846–1921).
Der Volksmund nennt sie »Beichtstuhl«. Im alten Köln hießen sie »Thekenschaaf« (Schaaf = Schrank) oder einfach »Thek«. Gebräuchlich war und ist auch der Ausdruck »Kontörchen«. Gemeint ist jeweils der Sitz-, Beobachtungs- und Arbeitsplatz des Wirtes in einem typischen kölschen Brauhaus.
Die Quellensuche nach Ursprung und Entstehungszeit dieser Betriebseinrichtung ist ebenso mühselig wie unergiebig. Sie gilt in der Literatur ganz einfach als Wesenselement einer kölschen Weetschaff, sie war schon immer da. Selbst Gastwirte, die heute noch im »Kontörchen« sitzen oder jahrzehntelang gesessen haben, erinnern sich an nichts weiter, als daß ihre Väter und Großväter ebendies auch taten.
»Ich jonn hück ovend en de Thek« oder »Hä setz en dr Thek«, heißt es seit Menschengedenken im über 100jährigen Brauhaus Päffgen in der Friesenstraße. Hier läßt sich die Funktion des »Thekenschaafs« in der ursprünglichen Anordnung am besten erkennen – ähnlich wie im Haus Töller an der Weyerstraße oder auch im Brauhaus Sion (Unter Taschenmacher).
Die altkölnischen Brauhäuser kannten keine Theke, keinen Tresen im heutigen Sinne. Im Hausflur, der zugleich den Durchgang zur dahinterliegenden Hausbrauerei darstellte, wurde »vom Faß auf dem Bock über dem Sturzbüttchen« gezapft. In diesem Schankraum, auch »et Zappes« genannt, versorgte der Zappes (Zapfer) sowohl die Köbesse wie auch eilige Gäste mit Bier.
Damit nun der Wirt den Betrieb im Zappes ebenso im argwöhnischen Blick hatte wie das Treiben in der Gaststube, gab es »die Theke mit Ausblick auf den Hausflur, die in keiner kölschen Bierkneipe fehlen darf« (Krudewig). Oder anders: »Gleich links finden wir die mit Durchblick und Öffnung nach dem Flur hin versehene, zugleich als Buffett ausgebaute Theke, von wo aus der ausnahmsweise stets zuvorkommende Wirt oder seine freundliche Gemahlin den Betrieb überwacht und leitet.«
Die Beobachtung – sie bezieht sich auf das Brauhaus »Zum jungen Raben« am Blaubach Anfang der zwanziger Jahre – läßt einige Schlüsse zu auf das bärbeißige, schroffe, mitunter gar schrullige Verhalten kölscher Wirte. Sie kontrollierten den Geschäftsablauf: Dazu war das »Kontörchen«

Mit reichem Schnitzwerk versehen: »Beichtstuhl« in der Weetschaff der Brauerei »Zur Malzmühle«. Rechts: »Die Thek« im Brauhaus Päffgen mit dem Durchblick zum »Zappes«, eines der letzten Beispiele für die ursprüngliche Anordnung in kölschen Brauhäusern.

schließlich da. Aber sie beäugten auch ununterbrochen die Gäste und hielten sie – wie der stadtbekannte »reinliche Döres« (Töller) noch um die Jahrhundertwende – unter strenger Kuratel. Beim »Döres«, der mit seinem »Plaggen« (Wischtuch) in die kölsche Kneipengeschichte eingegangen ist, wurden nicht einmal Zeitungen unterschiedlicher politischer Richtung auf einem Tisch geduldet, geschweige denn Zigaretten im Lokal.
Das Augenfälligste an dem Wirt, der da in seinem entweder erkerförmig ausgebauten oder nischenförmig ausgesparten Schaaf throute, war für das Publikum dessen einnehmendes Wesen. »Se passe op alles op un maache Häufjer, schichten die Jröschelcher un Märkelcher openander.« Ein durchgängiges Motiv in der Kneipologie, bei Prof. Adram Wrede (»Neuer Kölnischer Sprachschatz«) erwähnt und auch von Willi Ostermann besungen.
Max-Leo Schwering, früher Direktor am Kölnischen Stadtmuseum, rechnet den »Beichtstuhl«, der wohl wegen der Formenähnlichkeit so genannt worden ist, zu den Errungenschaften des frühen 19. Jahrhunderts. Der verstärkte Zustrom in die Bierhäuser habe damals »ein Stück Management« notwendig gemacht. Zugleich habe die Inthronisierung des Wirtes diesen den Gäste entfremdet. Schwering: »Eine solche Kontrollinstitution widersprach der kölschen Mentalität im Grunde ebenso wie der alten Weetschaffs-Atmosphäre.«
Was einst ein Mittel zur Rationalisierung des Wirtschaftslebens war, ist heutzutage weitgehend der Rationalisierung zum Opfer gefallen. Wenn die »Brauhäuser für Obergärung« nicht schon »Opfer des Zeitgeschmacks« (Krudewig) oder im Zweiten Weltkrieg Opfer der Bomben geworden waren.
Im ursprünglichen Sinn voll genutzt wird das »Kontörchen« nur noch im Haus Töller. Willy Eßer, mittlerweile Gastwirt i. R., hat zu seiner Zeit »hin und wieder mit dem Gedanken gespielt, eine Bon-Kasse einzuführen«. Aber: »Das hätte den Charakter des Lokals zu stark verändert.« So ziehen die Köbesse auch an Eßers Pächter-Paar Elfriede Wimmer und Otto Müllner nicht nur mit dem Kranz Kölsch vorbei, sondern auch mit allem, was aus der Küche kommt: Qualitätskontrolle unter den Augen von Wirt und Gästen.
Vor etlichen Jahren wurden hier noch Schwarzbrot und Butter ausgegeben, Essig und Öl verabreicht. Die Soleier stehen heute noch im Kontor, auch die Besteckkästen sind noch im Schaaf, und in der oberen Ablage liegen die Zigarrenkisten.
Vom Kontörchen aus verabreicht wurde vermutlich alles, womit man gemeinhin sparsam umgehen mußte – vor allem auch der Schnaps. Den holen sich die Köbesse auch heute noch bei »Päffgen« von der »Thek«, allerdings mittlerweile aus der eigens dort installierten Kühlung. Hausherr Rudolf Päffgen sitzt dort allabendlich. »Die Küche« läuft zwar nicht mehr an ihm vorbei, das Computerkassenzeitalter ist auch hier ausgebrochen. Aber kontrolliert wird weiter: die Bierbons der Köbesse, der Betrieb im Lokal. Die »Thek« ist Anlaufstation zum Telefonieren, für Beschwerden und Geldwechsel.

In der »Malzmühle« hat man vom »Beichtstuhl« aus den Zappes im Blick. Hier erfolgt der Faßbierverkauf, und hier lagern Waren, »wo man besonders drauf aufpassen muß« (Geschäftsführer Klug) – kleine Schnapsfläschchen beispielsweise.
Im »Kölschen Boor« am Eigelstein erledigt der Chef vom Jugendstil-Beichtstuhl aus –

Thekenschaaf im Haus Töller: heute noch eine Kontrollstation alter Art.

»Em golde Kappes« in Nippes ist zwar kein Brauhaus im alten Sinn. Aber ein »Beichtstuhl« gehörte bei der Gründung 1913 doch dazu.

er stammt aus der Zeit der Jahrhundertwende – noch die laufenden Geschäfte. »Em golde Kappes« auf der Neusser Straße in Nippes, gegr. 1913, gehörte das Kontörchen zur Grundausstattung, auch wenn der »Kappes« nie über eine eigene Brauerei verfügte. Die nunmehrige Anordnung des »Schaafs«, von wo aus im Hochbetrieb die Chefin, Mathilde d'Agnolo, das Geschehen im Auge hat, gibt der Sache alten Sinn: Es steht zwischen Tresen und Küche – beide einsehbar.

Man mag die Kontörchen, Beichtstühle, Theken oder Thekenschaafs für ein museales, nostalgisches Attribut halten. Man mag auch zu dem Schluß kommen, daß die teure Kraft eines Wirtes oder Geschäftsführers betriebswirtschaftlich effizienter zu nutzen wäre als in der Bewegungslosigkeit eines Schaafs. Aber der »Zeitgeschmack« ist heute gottlob anders: Er drängt zur Bewahrung der Einrichtungen von einst. Und die Kontörchen etc. etc. mögen bleiben, was sie sind: e Stöck vum ahle Kölle.

Am Stammtisch

Der schönste Platz ist nicht immer an der Theke

Das bierselig gesungene Bekenntnis, der schönste Platz sei immer an der Theke, kann auf die alte kölsche Weetschaff nicht gemünzt gewesen sein – denn die hatte keine Theke, nur das »Thekenschaaf«. Auch auf die Weetschaff der Gegenwart trifft dieser Ohrwurm nur begrenzt zu. Denn der schönste Platz in einem richtigen Bier- und Brauhaus ist der am Stammtisch. Dort Platz zu nehmen ist allerdings nicht ganz einfach. Denn erstens sitzen da die, die immer da sitzen, und zweitens – wo kämen wir denn da hin . . .
Kölsche Stammtische sind – wie die Stammtische überall sonst – philosophische Fakultäten für den Hausgebrauch, Weltverbesserungsanstalten, Selbstdarstellungsbühnen, Rednerpodien, Manövergelände für Sandkastenstrategen, Fluchtburgen für Melancholiker und Quellgebiete für den gehobenen Blödsinn.

Aus einer Stammtischlaune heraus wurde in der zweiten Hälfte des vorigen Jahrhunderts der nachmalige Kölner Stadtteil Ehrenfeld gegründet. Am Stammtisch wurde der berühmte »Halve Hahn« erfunden. Als ein Freund einmal zu spät zum Stammtisch kam mit der Entschuldigung »Ming Frau is durchgebrannt«, hatte Willi Ostermann das

Stichwort zu einem seiner bekanntesten Lieder.
Stammtische sind heute nicht immer von einer festen Besetzung geprägt, sondern häufig findet man sich hier zusammen nach dem Motto: »Wä kütt, dä kütt.« Aber ein festumrissener Kreis ist es allemal, der die Zuzugsberechtigung zum Stammtisch hat. Und ein beflissener Wirt wird darauf achten, daß der Stammtisch stets frei bleibt, auch wenn die Stammgäste mal einen Abend nicht erscheinen. Vor dieser Regel mußte eines Tages auch ein Außenminister der Bundesrepublik Deutschland kapitulieren: Er bekam keinen Platz am (leeren) Stammtisch – was hätten sonst die Stammgäste gesagt, wenn sie doch noch gekommen wären?
Stammtische haben zünftig zu sein. Denn da haben sie ihren Ursprung: bei den Zünften, den Handwerker- und Händlervereinigungen des Mittelalters. Heute ist der Stammtisch nicht mehr unbedingt eine Honoratiorenrunde, sondern bietet einen Querschnitt aller Altersstufen und Berufe, genau wie die kölsche Weetschaff allgemein.

Am Stammtisch blüht der Flachs, und vorn beim Zappes wachsen die Blumen auf dem Kölsch-Kranz.

Die klassenlose Gesellschaft

Kölsche Weetschaff: Labsal für Leib und Seele

Eine kölsche Weetschaff hat natürlich einen Eingang, aber keine Hemmschwelle. Im Stimmengewirr, beim Gläserklappern, bei Hämmchenduft und Tabaksqualm heben sich alle Standesunterschiede auf: Wir sind am Sammelpunkt der egalitären, nicht der elitären Gesellschaft.
Das ist wohl das Liebenswerteste an dieser Institution. Niemand fragt nach »Who is who«, jeder ist mit jedem schnell im Gespräch, da man ja an größeren Tischen oft zusammenrücken muß. Nur Schickis und Mickis, die sich hierher verirren, haben es auf diesem Feld schwer: Wer zuviel von sich her macht, sich gewissermaßen »enen Däu andeit«, bekommt kaum ein Bein auf die Erde.

Kölscher Kneipengast: Lustprinzip, Lebensphilosophie und Lebensqualität.

Für Einheimische ist die Weetschaff höchstes Lustprinzip, Lebensphilosophie und Lebensqualität. Für Auswärtige und Ausländer bietet sie die beste und einfachste Möglichkeit, alsbald in das kölsche Milieu einzutauchen. Das gelingt dort um so leichter, wo das Interieur (oder auf Neu-Kölsch »Ambiente«) ganz im Sinne der Tradition liebevoll gepflegt wird: von der Holztäfelung und den Deckenbalken bis zu den weißgescheuerten Tischen und dem geölten Holzfußboden. Nicht zu vergessen die farbige Bleiverglasung, die tagsüber das Lokal in einem gepflegten Dämmerzustand hält und die Illusion vermittelt, als sei man bereits beim Dämmerschoppen. Man kommt, weil man den ersten Schluck des frisch vom Faß gezapften Kölsch kaum noch erwarten kann, und man kommt, um zu »verzälle«. Man schätzt die einfachen, in der Qualität immer gleichen kölschen Spezialitäten. Denn Deftiges macht »Doosch«, und Durst macht Appetit auf Deftiges.
Es mag zu Hause noch so gemütlich sein – zu Hause ist man hier mitunter mehr als daheim. Ein passionierter Brauhausgänger, der – aus welchen Gründen auch immer – seiner Weetschaff einmal fernbleiben muß, leidet alsbald unter Entzugserscheinungen. Und die haben dann etwas mit Leib und mit Seele zu tun ...

Die Weetschaff muß voll sein. Das meint nicht nur der Wirt, das meinen auch die Gäste: Am schönsten ist es, wenn der Laden »brummt«.

Tabak u. Cigarren
Met lederem kölschem Beer gespeck,
Kütt dat Gespann erangejöck,
Zaut üch, Päd, Kutscher, Bräuerschpoosch,
Söns stirv ganz Kölle noch vör Doosch

Der Hopfen: die Seele des Bieres

Der Hopfen ist eine uralte Kulturpflanze, die wahrscheinlich aus dem slawisch-asiatischen Raum nach Mitteleuropa kam. Sie wird fast ausschließlich zum Bierbrauen verwendet. Der Hopfen ist die Würze des Bieres, sozusagen seine »Seele«. Er verleiht dem Gerstensaft je nach Menge und Qualität seinen spezifischen, feinherben Charakter. Auch tragen die Hopfenbitterstoffe zur Haltbarkeit des Bieres bei. Früher wurde dieses nützliche Gewächs auch im Rheinland angepflanzt.

Doch wegen der hohen Ansprüche des Hopfens an Klima, Boden und Pflege hat sich der Anbau mehr und mehr zum Süden der Bundesrepublik hin verlagert. Geerntet wird der Hopfen im August/September. Heute prägen die Hopfenkulturen mit ihrem unverwechselbaren Grün besonders die Landschaft Hallertau.

Zum ersten Mal findet die Verwendung von Hopfen beim Bierbrauen in Köln Erwähnung in einem Ratsprotokoll von 1408, wo eine vorgeschriebene Hopfenquote pro gebraute Menge Bier festgelegt wurde.

Beim Hopfeneinkauf hatte der Amtsmeister, also der Vorsitzende der Brauerzunft, ein Vorkaufsrecht auf den ersten geernteten Hopfen. Fremde durften erst Hopfen kaufen, wenn alle Kölner Brauer versorgt waren. Protektionismus auf gut Kölsch!

Der Hopfenkauf wurde natürlich mit einem »zünftigen« Schmaus verbunden, Umtrunk inklusive. Über die gute Qualität des Kölner Hopfenbieres sei berichtet, daß es bis nach Münster und Unna geliefert wurde, und selbst Kaiser Maximilian I. erhielt zwei Fässer Kölner Bier 1510 nach Augsburg als Geschenk gesandt, weil es ihm auf dem Reichstag zu Köln so gut gemundet hatte.

Der Hopfen verhalf dem Bier außer zu einem besseren Geschmack auch zu längerer Haltbarkeit. Die Herbheit des Hopfengeschmacks verdrängte nach und nach den Süßbier-Charakter des Gruitbiers. Aber nicht nur gegen andere Biersorten mußte sich das Hopfenbier durchsetzen, sondern vor allem gegen den stärksten Mitbewerber am Markt, den Wein. Köln war im Mittelalter das Zentrum des Weinhandels der deutschen Hansestädte. Doch besondere Umstände, wie etwa schlechte Weinernten, aber auch die Dynamik der Brauerzunft und ihrer Mitglieder verhalfen dem Bier Mitte des 16. Jahrhunderts endgültig zum Durchbruch.

Hopfen-Dolde: Der Hopfen sorgt für den Geschmack und für die Haltbarkeit des Bieres.

Von Mede, Keute, Gruit und Knupp

Biernamen im Wandel der Zeit

Die Bezeichnung »Kölsch« ist relativ jung. Das heißt: Das Wort ist neu, das Getränk existiert seit Jahrhunderten – wenn auch in etwas abgeänderter Form.
Blicken wir kurz in die Geschichte: Im Lehensregister der Stadt Köln, in dem alle Verkaufsstände verzeichnet sind, die anläßlich der Überbringung der Gebeine der Heiligen Drei Könige nach Köln im Jahre 1164 auf dem Domhof errichtet wurden, befindet sich auch ein »Medebrauer«.
Man nannte das Bier Mede, Meid oder Meth. Es wurde aus Getreide gekocht und vergoren. Als Würze dienten Kräuter, Malzextrakt und Honig.
Im frühen Mittelalter braute man Gruit, Gruyt, Gruth oder auch Gruyßbier. Die Basis bestand aus Gerste oder Weizen, Wasser und einer Würzmischung aus allerlei Kräutern, »Gruit«. Im Rheinland war der Hauptwürzstoff der Gagelstrauch.
Hopfenbier wird zum ersten Mal in einem Kölner Ratsprotokoll von 1408 erwähnt. Das Hopfenbier aus Gerstenmalz, Hopfen und Wasser brachte eine deutliche Verbesserung der Geschmacksqualität und Haltbarkeit. In dieser Form wurde fortan in Köln »Hoppebier« getrunken.
Daneben gab es ein Keutebier, ein aus verschiedenen Getreidesorten gebrautes Hopfenbier, das aus Norddeutschland eingeführt worden war. Es hieß Kewten, Koite oder Kuytbier, die normale holländische Bezeichnung für Bier.
»Untergärig« oder »obergärig« ist heute noch unter vielen Biertrinkern fast eine Glaubensfrage. Bei uns hat sich das obergärige Bier durchgesetzt, wenn auch ein Kölschtrinker hin und wieder ein gutes, untergärig gebrautes Pils zu schätzen weiß.
Die Untergärung kennen wir nicht so lange wie die Obergärung. Untergärig gebraut wurde etwa seit Anfang 1500. Da Untergärung besonders schwierig zu handhaben war, wollte man sie sogar zeitweilig von Amts wegen verbieten.
Hermann Becker schreibt in seinem Buch »Altkölnische Wirtshäuser« zur Situation auf dem Biersortenmarkt um 1800: »Junge Mädchen klapperten vor dem Essen auf ihren Holzschuhen ›nohm Esel‹ (Bieresel,

Mittelalterliche Brauerei: Der Brauer hält seine Brauknechte zur Arbeit an.

Breite Straße), um dort im Sommer ›Alt‹, ›Steckenalt‹ und ›Märzer‹, im Winter ›Knupp‹, ›Jung‹ oder ›Halv un Halv‹ zu holen.« Da ist von Kölsch noch keine Rede.
Durch die Industrialisierung im 19. Jahrhundert teilen sich die Kölner Brauer in zwei Lager: Hier die alten traditionellen Hausbrauereien, die obergäriges »Wieß« brauen, dort die neugegründeten, modernen Großbrauereien, die meist untergärige Biersorten brauen. »Pilsener« und »Export« sind die beliebtesten Sorten, aber auch obergäriges »Kölsch« steht auf ihren Verkaufslisten.
Im kaiserlich-preußischen Köln setzt sich der Name »Kölsch« für obergäriges Bier durch. Nur im Kriegsjahr 1918 ändert sich dieser Begriff. Rohstoffmangel zwingt die Brauer zur Herstellung von »Einfachbier«, einem Ersatzbier.
Nach dem letzten Krieg begann es auch wieder mit einem Ersatzbier, »Hopfenperle« genannt. Nach der Währungsreform erlebte Kölsch aber dann eine ungeahnte Blüte, was sowohl Geschmack wie Qualität anbetrifft, ebenso hinsichtlich seiner Markenvielfalt und Beliebtheit.
Kölsch hat sich in der Folgezeit im Herzen der Kölner den ersten Platz erobert und erhalten.

Kölsch: das Bier mit Konvention

Am 6. März 1986 versammelte sich eine Schar festlich gekleideter Herren im Kölner Hotel »Excelsior« zu einem historischen Akt. Es ging um Kölns flüssiges Grundnahrungsmittel Nummer eins – um Kölsch. Die Chefs und Repräsentanten der 24 Kölsch-Brauereien unterzeichneten, bevor sie zum mittelalterlichen Brauereimahl schritten, gemeinsam mit dem Kölner Oberbürgermeister die »Kölsch-Konvention«. Und die ist eine bierernste Sache.

Die Konvention markierte den Schlußpunkt unter jahrzehntelange Diskussionen um die Frage, ob »Kölsch« lediglich eine Gattungs- oder auch eine Herkunftsbezeichnung sei. Vom Bundeskartellamt abgesegnet und im Bundesanzeiger veröffentlicht erlangte die Kölsch-Konvention nunmehr Quasi-Gesetzeskraft. Sie schreibt fest, daß Kölsch nur in Köln und in einigen namentlich benannten Brauereien im Umland gebraut werden darf – denn »Kölsch« ist eine »qualifizierte geographische Herkunftsbezeichnung«.

Der Kölner Brauerei-Verband wacht über die Einhaltung der Wettbewerbsregeln durch die Mitglieder und über den räumlichen Alleinvertretungsanspruch der Bier-Spezialität. Darüber hinaus verpflichteten sich die Kölsch-Brauer für ewige Zeiten auf das klassische Reinheitsgebot – komme, was da wolle.

Ein knapper Steckbrief des so geschützten Produkts sieht so aus:

Kölsch ist ein obergäriges Bier, wie etwa Alt oder auch Weizenbier. Aber nur Kölsch ist gleichzeitig

★ hell (also nicht dunkel),
★ hochvergoren (was zu einem leicht herben Geschmack führt),
★ hopfenbetont (somit von aromatischem Bittergeschmack),
★ blank (im Gegensatz zu ungefiltert, trüb)
★ und ein Vollbier (mit einem Stammwürzgehalt zwischen 11 und 14 Prozent).

Das Ganze in einem Satz: Kölsch ist ein nach dem Reinheitsgebot hergestelltes helles, hochvergorenes, hopfenbetontes, blankes Vollbier.

Kölsch wird allein im Kölner Stadtgebiet an 13 Stellen gebraut – damit ist die Stadt am Rhein, wie die Brauer melden, »weltweit Bierstadt Nummer eins«. In der gesamten Kölsch-Region beträgt der Jahresausstoß rund vier Millionen Hektoliter. Und der Geschmack am Kölsch nimmt eher noch zu, ganz gegen den bundesweiten Trend, der stagnierenden Bierkonsum signalisiert.

Die strengen Wettbewerbsregeln, denen sich die Kölsch-Brauer freiwillig unterworfen haben, reichen bis hin zu genauen Vorschriften für den Vertrieb von Fässern und »Gebinden« und bis zur Gestaltung von Werbeplakaten und Bierdeckeln.

Einer der Kernpunkte der Kölsch-Konvention ist deren Paragraph 2, betreffend die »Vermeidung von Irreführungen, Verwechslungen und Verwässerungen«.

Ein Zitat daraus:

»Die Art und Weise der Benutzung der Bezeichnung ›Kölsch‹ darf nicht zu irgendwelchen Irreführungen oder Verwechslungen oder zu einer Verwässerung der Bezeichnung oder zu sonstigen Verstößen gegen das Gesetz gegen den unlauteren Wettbewerb führen.

Die Bezeichnung ›Kölsch‹ darf insbesondere nicht mit weiteren die geographische Herkunftsbezeichnung verwässernden Zusätzen (zum Beispiel, aber nicht ausschließlich: ›Echt Kölsch‹, ›Original Kölsch‹, ›Ur-Kölsch‹, ›Kölsches Kölsch‹) oder in Verbindung mit anderen geographischen Zusätzen (zum Beispiel, aber nicht ausschließlich:

Ein historisches Datum in der Geschichte der Kölsch-Brauer: Am 6. März 1986 wurde im Beisein des Kölner Oberbürgermeisters Norbert Burger (6. v. r.) die Kölsch-Konvention unterzeichnet. Sie stellt Wettbewerbsregeln auf und schützt »Kölsch« als Herkunftsbezeichnung.

Rheinisches Kölsch, Bergisches Kölsch) oder in Verbindung mit anderen Bezeichnungen, Marken, Warenzeichen, Ausstattungen, Ausstattungselementen, Firmen, Firmenbestandteilen, Firmenschlagworten, Firmenabkürzungen, Bierbezeichnungen, Biersorten oder anderen Zusätzen verwendet werden, die mittelbar oder unmittelbar zu Irreführungen über die geographische Herkunft oder zu Verwechslungen oder zu einer Verwässerung der Bezeichnung (zum Beispiel, aber nicht ausschließlich: Spezial-Kölsch, Super-Kölsch, Top-Kölsch, Premium-Kölsch) oder zu sonstigen Verstößen gegen das Gesetz gegen unlauteren Wettbewerb führen können.«

Demjenigen, der gegen die Wettbewerbsregeln verstößt, drohen empfindliche Vertragsstrafen (bis zu 250 000 DM) oder gar der Ausschluß aus dem Kölner Brauerei-Verband.

Mit diesem Vertragswerk wacht der Verband vor allem darüber, daß keine auswärtige Brauerei auf die Idee kommt, ein helles obergäriges Bier herzustellen und dieses »Kölsch« zu nennen. Es ist nach eigenem Bekunden »seine schärfste Waffe im Kampf um diesen Alleinvertretungsanspruch«.

Die Unterzeichnung der Konvention im Jahre 1986 war ein festliches Ereignis – ihm sollten weitere folgen. Ein derart epochemachender Akt, so dachten die Brauer folgerichtig, dürfe nicht nur einmal gefeiert werden. Und so erinnert inzwischen alljährlich der »Kölsch-Konvent« im historischen Sancta-Clara-Keller am Römerturm an den Tag der Unterzeichnung des Dokuments, das im Stil des Kölner Verbundbriefes von 1396 entworfen wurde.

Zum »Kölsch-Konvent« versammeln sich jeweils rund 100 Auserwählte aus Politik, Wirtschaft, Kultur (»und dem kölschen Klüngel«, wie in der Berichterstattung ironisch-süffisant bemerkt wird) zur Neuauflage jenes Kölsch-Credos von 1986. Bei der ersten Zusammenkunft im Januar 1988 bekannte kein Geringerer als Bundesaußenminister Hans-Dietrich Genscher, daß er ein Kölsch-Fan sei. Noch mehr: »Ich bin bereit, dem Kölsch jederzeit gegen den Alleinvertretungsanspruch des bayerischen Bieres im Ausland die Stange zu halten!«

Die Kölner Brauer hörten's gern, nützt doch der schönste Handel nichts, wenn er nicht den Flankenschutz der hohen Politik genießt . . .

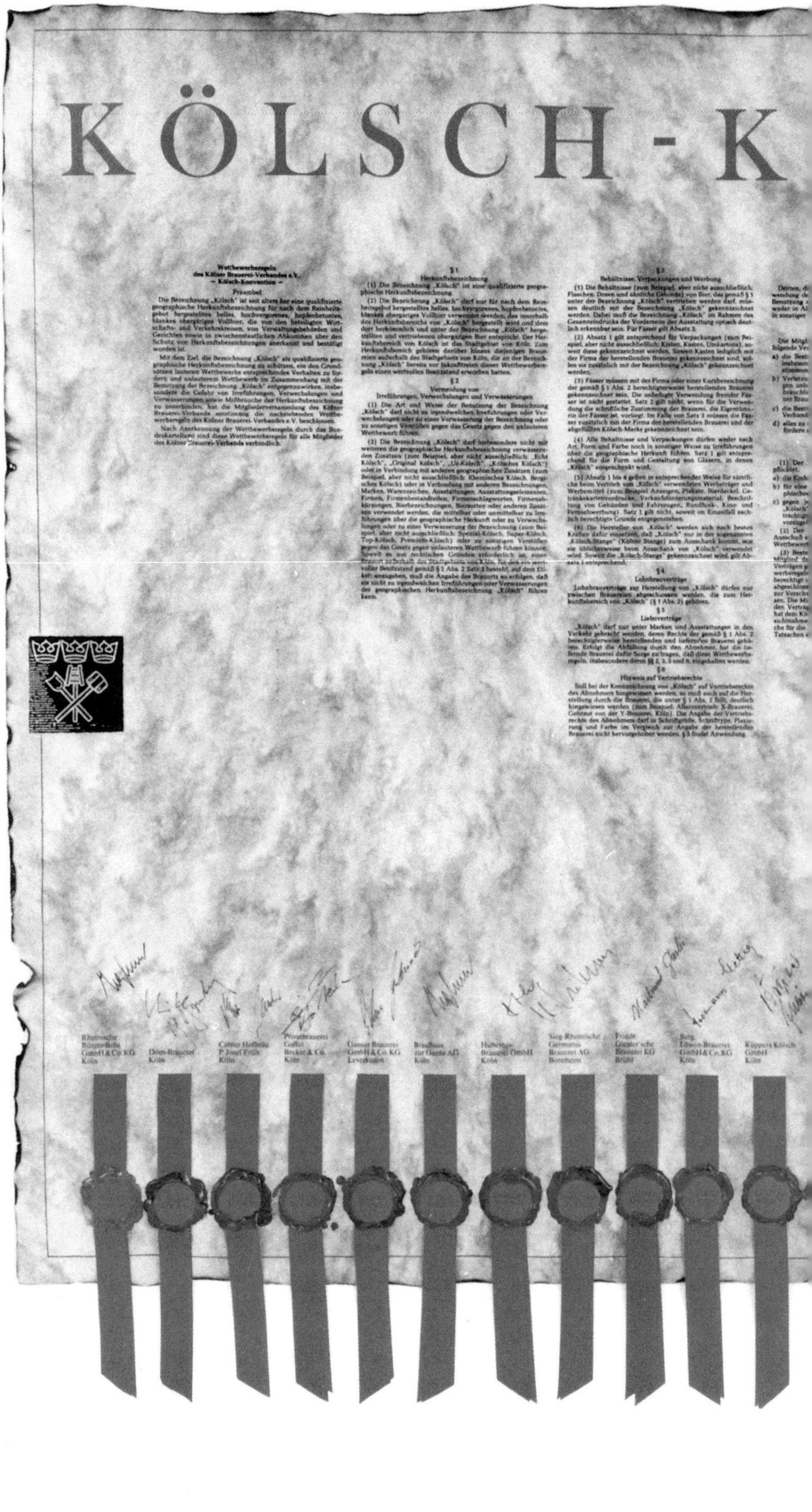

KÖLSCH-K

**Wettbewerbsregeln
des Kölner Brauerei-Verbandes e.V.
– Kölsch-Konvention –**

Präambel

Die Bezeichnung „Kölsch" ist seit alters her eine qualifizierte geographische Herkunftsbezeichnung für nach dem Reinheitsgebot hergestelltes helles, hochvergorenes, hopfenbetontes, blankes obergäriges Vollbier, die von den beteiligten Wirtschafts- und Verkehrskreisen, von Verwaltungsbehörden und Gerichten sowie in zwischenstaatlichen Abkommen über den Schutz von Herkunftsbezeichnungen anerkannt und bestätigt worden ist.

Mit dem Ziel, die Bezeichnung „Kölsch" als qualifizierte geographische Herkunftsbezeichnung zu schützen, ein den Grundsätzen lauteren Wettbewerbs entsprechendes Verhalten zu fördern und unlauterem Wettbewerb im Zusammenhang mit der Benutzung der Bezeichnung „Kölsch" entgegenzuwirken, insbesondere die Gefahr von Irreführungen, Verwechslungen und Verwässerungen sowie Mißbräuche der Herkunftsbezeichnung zu unterbinden, hat die Mitgliederversammlung des Kölner Brauerei-Verbands einstimmig die nachstehenden Wettbewerbsregeln des Kölner Brauerei-Verbandes e.V. beschlossen.

Nach Anerkennung der Wettbewerbsregeln durch das Bundeskartellamt sind diese Wettbewerbsregeln für alle Mitglieder des Kölner Brauerei-Verbands verbindlich.

§ 1
Herkunftsbezeichnung

(1) Die Bezeichnung „Kölsch" ist eine qualifizierte geographische Herkunftsbezeichnung.

(2) Die Bezeichnung „Kölsch" darf nur für nach dem Reinheitsgebot hergestellten hellen, hochvergorenen, hopfenbetonten, blanken obergärigen Vollbier verwendet werden, das innerhalb des Herkunftsbereichs von „Kölsch" hergestellt wird und dem dort herkömmlich und unter der Bezeichnung „Kölsch" hergestellten und vertriebenen obergärigen Bier entspricht. Der Herkunftsbereich von Kölsch ist das Stadtgebiet von Köln. Zum Herkunftsbereich gehören darüber hinaus diejenigen Brauereien außerhalb des Stadtgebiets von Köln, die an der Bezeichnung „Kölsch" bereits vor Inkrafttreten dieser Wettbewerbsregeln einen wertvollen Besitzstand erworben hatten.

§ 2
Vermeidung von
Irreführungen, Verwechslungen und Verwässerungen

(1) Die Art und Weise der Benutzung der Bezeichnung „Kölsch" darf nicht zu irgendwelchen Irreführungen oder Verwechslungen oder zu einer Verwässerung der Bezeichnung oder zu sonstigen Verstößen gegen das Gesetz gegen den unlauteren Wettbewerb führen.

(2) Die Bezeichnung „Kölsch" darf insbesondere nicht mit weiteren die geographische Herkunftsbezeichnung verwässernden Zusätzen (zum Beispiel, aber nicht ausschließlich: „Echt Kölsch", „Original Kölsch", „Ur-Kölsch", „Kölsches Kölsch") oder in Verbindung mit anderen geographischen Zusätzen (zum Beispiel, aber nicht ausschließlich: Rheinisches Kölsch, Bergisches Kölsch) oder in Verbindung mit anderen Bezeichnungen, Marken, Warenzeichen, Ausstattungen, Ausstattungselementen, Firmen, Firmenbestandteilen, Firmenschlagworten, Firmenabkürzungen, Bierbezeichnungen, Biersorten oder anderen Zusätzen verwendet werden, die mittelbar oder unmittelbar zu Irreführungen über die geographische Herkunft oder zu Verwechslungen oder zu einer Verwässerung der Bezeichnung (zum Beispiel, aber nicht ausschließlich: Spezial-Kölsch, Super-Kölsch, Top-Kölsch, Premium-Kölsch) oder zu sonstigen Verstößen gegen das Gesetz gegen unlauteren Wettbewerb führen können. Soweit es aus rechtlichen Gründen erforderlich ist, einen Brauort außerhalb des Stadtgebiets von Köln, für den ein wertvoller Besitzstand gemäß § 1 Abs. 2 Satz 3 besteht, auf dem Etikett anzugeben, muß die Angabe des Brauorts so erfolgen, daß sie nicht zu irgendwelchen Irreführungen oder Verwässerungen der geographischen Herkunftsbezeichnung „Kölsch" führen kann.

§ 3
Behältnisse, Verpackungen und Werbung

(1) Die Behältnisse (zum Beispiel, aber nicht ausschließlich: Flaschen, Dosen und ähnliche Gebinde) von Bier, das gemäß § 1 unter der Bezeichnung „Kölsch" vertrieben werden darf, müssen deutlich mit der Bezeichnung „Kölsch" gekennzeichnet werden. Dabei muß die Bezeichnung „Kölsch" im Rahmen des Gesamteindrucks der Vorderseite der Ausstattung optisch deutlich erkennbar sein. Für Fässer gilt Absatz 3.

(2) Absatz 1 gilt entsprechend für Verpackungen (zum Beispiel, aber nicht ausschließlich: Kisten, Kasten, Umkartons), soweit diese gekennzeichnet werden. Soweit Kasten lediglich mit der Firma der herstellenden Brauerei gekennzeichnet sind, sollen sie zusätzlich mit der Bezeichnung „Kölsch" gekennzeichnet werden.

(3) Fässer müssen mit der Firma oder einer Kurzbezeichnung der gemäß § 1 Abs. 2 berechtigterweise herstellenden Brauerei gekennzeichnet sein. Die unbefugte Verwendung fremder Fässer ist nicht gestattet. Satz 2 gilt nicht, wenn für die Verwendung die schriftliche Zustimmung der Brauerei, die Eigentümerin der Fässer ist, vorliegt. Im Falle von Satz 3 müssen die Fässer zusätzlich mit der Firma der herstellenden Brauerei und der abgefüllten Kölsch-Marke gekennzeichnet sein.

(4) Alle Behältnisse und Verpackungen dürfen weder nach Art, Form und Farbe noch in sonstiger Weise zu Irreführungen über die geographische Herkunft führen. Satz 1 gilt entsprechend für die Form und Gestaltung von Gläsern, in denen „Kölsch" ausgeschenkt wird.

(5) Absatz 1 bis 4 gelten in entsprechender Weise für sämtliche beim Vertrieb von „Kölsch" verwendeten Werbeträger und Werbemittel (zum Beispiel Anzeigen, Plakate, Bierdeckel, Getränkekartenvordrucke, Verkaufsförderungsmaterial, Beschriftung von Gebäuden und Fahrzeugen, Rundfunk-, Kino- und Fernsehwerbung). Satz 1 gilt nicht, soweit im Einzelfall sachlich berechtigte Gründe entgegenstehen.

(6) Die Hersteller von „Kölsch" werden sich nach besten Kräften dafür einsetzen, daß „Kölsch" nur in der sogenannten „Kölsch-Stange" (Kölner Stange) zum Ausschank kommt, wie sie üblicherweise beim Ausschank von „Kölsch" verwendet wird. Soweit die „Kölsch-Stange" gekennzeichnet wird, gilt Absatz 1 entsprechend.

§ 4
Lohnbrauverträge

Lohnbrauverträge zur Herstellung von „Kölsch" dürfen nur zwischen Brauereien abgeschlossen werden, die zum Herkunftsbereich von „Kölsch" (§ 1 Abs. 2) gehören.

§ 5
Lieferverträge

„Kölsch" darf nur unter Marken und Ausstattungen in den Verkehr gebracht werden, deren Rechte der gemäß § 1 Abs. 2 berechtigterweise herstellenden und liefernden Brauerei gehören. Erfolgt die Abfüllung durch den Abnehmer, hat die liefernde Brauerei dafür Sorge zu tragen, daß diese Wettbewerbsregeln, insbesondere deren §§ 2, 3, 5 und 6, eingehalten werden.

§ 6
Hinweis auf Vertriebsrechte

Soll bei der Kennzeichnung von „Kölsch" auf Vertriebsrechte des Abnehmers hingewiesen werden, so muß auch auf die Herstellung durch die Brauerei, die unter § 1 Abs. 2 fällt, deutlich hingewiesen werden (zum Beispiel: Alleinvertrieb: X-Brauerei, Gebraut von der Y-Brauerei, Köln). Die Angabe der Vertriebsrechte des Abnehmers darf in Schriftgröße, Schrifttype, Plazierung und Farbe im Vergleich zur Angabe der herstellenden Brauerei nicht hervorgehoben werden. § 5 findet Anwendung.

Rheinische Bürger-Bräu GmbH & Co. KG Köln

Dom-Brauerei Köln

Cölner Hofbräu P. Josef Früh Köln

Privatbrauerei Gaffel Becker & Co. Köln

Gilden Brauerei GmbH & Co. KG Leverkusen

Brauhaus zur Garde AG Köln

Hubertus-Brauerei GmbH Köln

Sieg-Rheinische Germania Brauerei AG Bornheim

Friedr. Giessler'sche Brauerei KG Brühl

Berg. Löwen-Brauerei GmbH & Co. KG Köln

Küppers Kölsch GmbH Köln

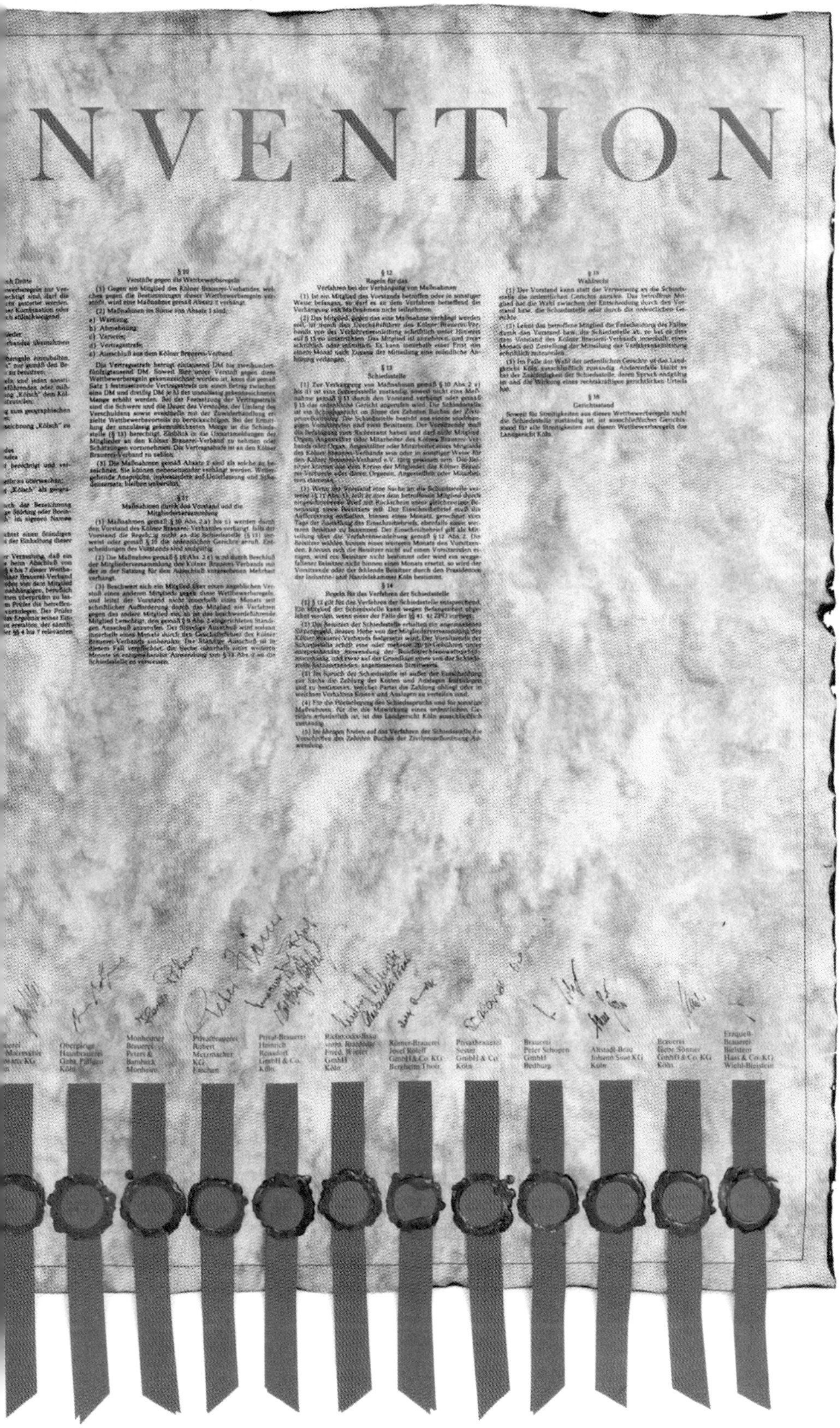
NVENTION
§ 10
Verstöße gegen die Wettbewerbsregeln
a) Warnung;
b) Abmahnung;
c) Verweis;
d) Vertragsstrafe;
e) Ausschluß aus dem Kölner Brauerei-Verband.
§ 11
Maßnahmen durch den Vorstand und die Mitgliederversammlung
§ 12
Regeln für das Verfahren bei der Verhängung von Maßnahmen
§ 13
Schiedsstelle
§ 14
Regeln für das Verfahren der Schiedsstelle
§ 15
Wahlrecht
§ 16
Gerichtsstand
Soweit für Streitigkeiten aus diesen Wettbewerbsregeln nicht die Schiedsstelle zuständig ist, ist ausschließlicher Gerichtsstand für alle Streitigkeiten aus diesen Wettbewerbsregeln das Landgericht Köln.
Monheimer Brauerei Peters & Bambeck Monheim
Privatbrauerei Robert Metzmacher KG Frechen
Privat-Brauerei Heinrich Reissdorf GmbH & Co. Köln
Römer-Brauerei Josef Röleff GmbH & Co. KG Bergheim-Thorr
Privatbrauerei Sester GmbH & Co Köln
Brauerei Peter Schopen GmbH Bedburg
Altstadt-Bräu Johann Sion KG Köln
Brauerei Gebr. Sünner GmbH & Co. KG Köln
Erzquell-Brauerei Bielstein Haas & Co. KG Wiehl-Bielstein

Jung, frisch, lebendig

Kölsch, Kneipen, Kultur und Kunst: Das moderne Image eines Getränks

Jazz im Brauhaus Päffgen: Die Kölsch-Brauer tragen zu kulturellen Aktivitäten bei.

Die Nachricht ging den Kölner Brauern hinunter wie Kölsch. »Frauen entdecken ihre Liebe zum Bier« – so vermeldete die Centrale Marketinggesellschaft der deutschen Agrarwirtschaft (CMA). Das hatten die Verkaufsförderer (»Aus deutschen Landen frisch auf den Tisch«) bei einer Blitzumfrage ermittelt, die damit mehr zutage brachte als die Erkenntnis, daß Bier ein Agrarprodukt ist.
»Besonders aufgeschlossen«, so hieß es, »zeigen sich die Damen aus der traditionellen rheinischen Bierhochburg Köln und aus der bayerischen Metropole München – hier genießen immerhin jeweils über 74 Prozent ihren Gerstensaft.
Der Trend entspricht einer neuen selbstbewußteren Frauengeneration, die sich wie selbstverständlich in der bisherigen Domäne der Männer behauptet, ohne dabei auch nur ein Stück ihrer Weiblichkeit zu verlieren.«
Dieser Trend paßt haargenau zum Kölsch, dem »Bier im Trend«. Es wird längst nicht mehr ausschließlich mit Theke oder Stammtisch assoziiert, sondern ist ein genußreiches Attribut für alle Gelegenheiten. Jung, frisch, erfrischend, lebendig, chic und weltoffen stellt sich Kölsch mithin auch in der Werbung dar – mal mehr, mal weniger mit Traditionsbezügen, fast immer jedoch unter Einbeziehung der Stadt und ihres großen Umfeldes.
Mit Erfolg, wie die Zahlen ausweisen. Während bundesweit der Bierumsatz stagniert oder sogar leicht rückläufig ist, zeigen die Kölsch-Trinker/innen, daß immer noch ein Glas mehr hineingeht: So stieg der Ausstoß der »Sorten-Spezialität« Kölsch im ersten Halbjahr 1988 gegenüber dem Vorjahr nochmals um ein Prozent an. Mehr als die Hälfte der Produktion entfällt auf Faßbier, und dies wiederum unterstreicht den engen Zusammenhang zwischen Kölsch und kölscher Lebensart. Denn auch das »Pittermännchen« bei der Party daheim gehört heute ebenso unverzichtbar dazu wie bei Stadtempfängen, Volksfesten oder Galerieeröffnungen.
Die Kölsch-Brauer, die mit der Kölsch-Konvention das öffentliche Bekenntnis zur

Vor historischer Kulisse: das Gaffel-Haus am Alter Markt in der Karnevalszeit.

Einigkeit abgelegt haben, wollen es dabei nicht bewenden lassen. Bei allem gesunden Konkurrenzstreben untereinander demonstrieren sie auch auf andere Weise Einigkeit.
Die gemeinsamen Öffentlichkeits-Interessen werden von einer professionellen Presse- und Werbeagentur vertreten. Bei Gemeinschaftsveranstaltungen wie dem Kölsch-Konvent oder auf der Kölner Welt-Messe »Anuga« tritt die einzelne Marke in den Hintergrund. Dann fließt das obergärige Bier in neutrale Kölsch-Gläser; der jeweilige Lieferant wird ausgelost.
Kölsch-Brauer haben stets Erwerbssinn bewiesen, aber auch ein hohes Maß von Gemeinsinn. Der äußerte sich zuletzt in der Stiftung einer Figur für den Kölner Rathausturm durch den Kölner Brauerei-Verband. Die zeigt niemand Geringeren als den römischen Feldherrn und Stadtgründer Agrippa, wobei allerdings nicht zu belegen ist, ob dessen Legionäre auch schon »Pittermännchen« in ihren Zelten hatten.
Was aber hat nun das »Rundbild als Ak-

Die langersehnte Fährverbindung zwischen dem Weißer Rheinbogen und dem Porz-Zündorfer Erholungsgebiet »Groov« kam unter anderem mit Kölsch erst richtig in Gang.

tionsfeld«, was hat ein Bauchtanz mit Kölsch zu tun?
Die Erklärung: Kölsch wird immer mehr zum Kulturfaktor. Kölsch-Brauereien engagieren sich für Kunst, Brauchtum, Sport. Ein Engagement, das bei vielen von ihnen mittlerweile weit über eine Faß-Bier-Spende für diesen oder jenen Anlaß hinausgeht.
Dazu einige Beispiele ohne Anspruch auf Vollständigkeit:
Kölsch-Brauer tragen zum Erhalt historischer Bausubstanz bei. So war die Privatbrauerei Küppers maßgeblich an der Restaurierung der »Wolkenburg« beteiligt, die Privatbrauerei Gaffel renovierte über zehn Monate hinweg das historische Haus »Zur Bretzel« am Alter Markt, bevor dort wieder das erste Bier ins Glas schäumte.
Kölsch-Brauer bieten nicht nur kölsche Töne, sondern auch reichlich Jazz: In Küppers' Biergarten, zum Brauhaus Päffgen oder zur Gaffel-Shuffle strömen die Fans in Scharen.
Kölsch-Brauer machen Zeitung: Bei Päffgen liegt die »Erste Kölner Bier-Zeitung« aus, es gibt die »Gaffel-Haus-Postille« und überdies auch ein markenübergreifendes »Kölsch-Magazin« auf Hochglanz, zur abgehobenen Darstellung des großen Ganzen.
Kölsch-Brauer stiften Preise: Hier kommt das besagte Rundbild ins Spiel, Thema des ersten Kunstpreises »Früh bittet um Kunst«. Den »Kölsch-Preis« unterstützt Gilden-Kölsch maßgeblich – eine Initiative Kölner Kaufleute, zu deren Preisträgern unter anderem Alfred Biolek, die Bläck Fööss und Willi Millowitsch zählen.
Kölsch-Brauer schicken Leute auf Tour: Küppers, indem kulturhistorische Führungen »Köln für Kölner« des Stadtkonservators gefördert werden. Etwas weiter führt die »Gilden-Fahrt auf Hansekurs«; Gewinner eines Preisausschreibens besuchen Hansestädte oder Handelspartner des alten Köln zwischen Brügge und Barcelona.
Kölsch-Brauer sind auch im Umland aktiv: In Bielstein im Oberbergischen gibt es alljährlich den »Zunft-Kölsch-Lauf«, gesponsort werden Moto-Cross- und Ballon-Meisterschaften. Und Bonn trinkt – ganz Tradition – Kölsch vom Kurfürsten, den die Kölner ja dereinst bekanntlich aus der Stadt gejagt hatten. Dafür schlich sich Kurfürsten-Kölsch unlängst an einen prominenten

Kölner Platz: Am Alter Markt eröffnete das Brauhaus »Käx«, und das wiederum war ein Gitterkäfig, in dem hier im Mittelalter die Gesetzesbrecher angeprangert wurden.

Eine Vielzahl von Sport-, Schützen- und Heimatvereinen könnte ohne die vielfältigen Hilfen von Kölsch-Brauereien nicht leben. Jede trägt kräftig zu diesem Über-Leben bei, viele in ihrem näheren Umfeld und – in typisch kölscher Bescheidenheit – ohne »vill Gedöns« darum zu machen.
Für sie alle gilt darum ein Zitat, das wir im Pressetext einer großen Kölner Brauerei fanden:
»Privates Engagement ist zugleich Ausdruck der unternehmerischen Mitverantwortung für das kulturelle Leben in einer Stadt und damit für das Gemeinwohl.«
Bedauern wir abschließend, daß die berühmten »Sester-Päder« aus dem Stadtbild verschwunden sind – sie genießen ihr Gnaden-Heu irgendwo auf dem Land. Sie wären zwar kein Beitrag zum kulturellen Leben der Stadt, aber zu dem zumeist ruhenden Verkehr ...

Zum Hansetag 1988 in Köln versammelte sich viel historisch gewandetes Volk vor dem Gaffel-Haus am Alter Markt.

Bauchtanz im Biergarten von Küppers: den Kunstformen bei Kölsch sind keine Grenzen gesetzt.

Der kölsche Zappjung.
Kölnische Spezialität.

BRAUEREI FÜR OBERGÄHRIGES BIER

P. JOSEF FRÜH

AM HOF No. 12 ○ CÖLN ○ AM HOF No. 12

TEL. WIRTSCHAFTSBETRIEB: 21 26 21 ○ TEL. KONTOR: 23 66 16-18

Kölsche Foderkaat

Bierzupp, wie beim Früh jemaat	DM 3,80
Bottermilch-Bunnezupp	DM 3,40
Soorekappeszupp	DM 3,80

Verlorene Eier met Speckzaus und Koppschlot	DM 8,30
Himmel un Äd met jebrodene Blotwoosch	DM 9,10
Jestuvte Murre met jebrodene Blotwoosch	DM 9,10
Jestuvte Murre met Brodwoosch	DM 9,50
1/2 m Brodwoosch met Schavu un jedämpte Ädäppel	DM 9,50
Koote Kühl un lang Brodwoosch	DM 9,50
Jebrodene Ferkesspeck met Schavu un jedämpte Ädäppel	DM 10,10
Decke Bunne met Speck	DM 10,70
Met Schavu jefüllte Ferkesbrode, dobei Zaus un Ädäppel	DM 11,50
Enjemaate soore Fitschbunne met Reppcher	DM 13,60
Schavu met Rindfleisch, Kruckzaus un jedämpte Ädäppel	DM 15,30
Hämche met Soorekappes	DM 15,40
Soorbrode met Ädäppelsklös un Appelkumpott	DM 16,00
Appelköjelcher us d'r Pann	DM 4,00
Ne Deck un Dönn (2 cl) – Herjestellt noh huseijener Rezeptur!	DM 2,05

. . . ab friedachs nohmeddachs:

Rievkoche – direk us d'r Pann – knusperich met Appelkumpott oder Röbekruck	DM 6,50

Un wä dat nit versteit, dä soll jefälligst dä Köbes froge!

Wammer och ärm sin,
mer levve äver jot!
Och beim jode Esse et Drinke net verjesse,
vum Faaß janz fresch
kütt früh-Kölsch em ruppdich op d'r Desch!

Eine kölsche Speisekarte von heute – mit Bezeichnungen der »Foderkaat« von damals. Geändert haben sich allerdings die Preise.

KRAAT, BOER UN DÄ BÜRGERSCHMANN
LEVEN EN LECKREN HALVEN HAHN
UN OOCH DORBI GEWISS
EN GOOT GLAS KÖLNISCH WIESS.
"Der halven Hahn."
Kölnische Spezialität.

Von »Halver Hahn« bis »Hilligesching«

Kölsche Spezialitäten einst und jetzt

»Gering waren die Bedürfnisse und daher leicht und mit Wenigem zu befriedigen«, stellte Ernst Weyden (»Köln am Rhein vor 50 Jahren«) in der Mitte des vorigen Jahrhunderts über die Lebens- und Ernährungsgewohnheiten seiner Eltern-Generation fest.
Es mußte eben nicht immer Kaviar sein – in kölschen Familien ebensowenig wie in der Weetschaff. Deftig-Nahrhaftes war an der Tagesordnung, und gegessen wurde, was die Jahreszeit bot und Sitte und Gewohnheit gebot.
In den kölschen Bürger-Haushalten von einst hatte jeder Wochentag seinen bestimmten Küchenzettel. Sonntags beispielsweise gab es »fresche Zupp«, die Fleischsuppe mit dem »grün Fleisch«, dem Suppenfleisch. Die Suppe mußte regelmäßig noch bis Montag reichen. Die Gemüse-Beilage richtete sich nach der Jahreszeit. Freitag, der Abstinenztag nach dem Kirchengebot, war der Stockfisch-Tag; abends wurden die Reste vom Mittag mit Kartoffeln, Zwiebeln, Milch und Butter zum beliebten »Kuschelemusch« zusammengeschmort.
Im Winter aßen die Kölner eingemachtes Gemüse – Kappes, grüne Bohnen, Rübstiel – und gepökeltes Fleisch. An bestimmten Tagen wurden die Winter-Gemüsetonnen angebrochen – alles hatte seine Ordnung, so wie Allerheiligen die Heizperiode begann, ganz gleich, wie warm oder kalt es draußen war.
Nirgends fehlte unterdessen zur Abendmahlzeit der gewohnte Trunk, wie Ernst Weyden berichtet: »Auch die geringeren Bürgerfamilien tranken abends ihr Bier. Welch eine Musik der Kannendeckel abends in den Straßen, wenn die Lehrjungen und Mägde nach den Brauereien zogen, um den Abendtrunk zu holen, und

welches Geklingel in den Brauereien!«
Die kölsche Foderkaat, die Speisekarte in der kölschen Weetschaff, ist der bürgerlichen Ernährungstradition entsprechend bescheiden-deftig geblieben. Vor allem ist an ihr das Wenigste typisch kölnisch. Das Hämmchen mit Sauerkraut und Püree, die »decke Bunne met Speck«, der »Soorbrode« sind von jeher rheinisch-regional. Das gilt auch für »Himmel un Äd«, Äpfel und Kartoffel untereinander gestampft und Blutwurst (»Flönz«) mit Zwiebeln darüber. Die »enjemaate soore Fitschbunne met Rippcher« (Schnibbelbohnen mit geräucherten Schweinerippchen) folgen noch der Tradition, als in jedem Haushalt ein Bohnenfaß für den Winter stand.
Ob Sauerbraten, saure Bohnen, Sülze oder sonstwas: Den Gerichten auf den Speisekarten kölscher Gaststätten ist eines gemeinsam – sie passen allesamt hervorragend zum Kölsch. Unverwechselbar kölsch in ihrer gewollt oder ungewollt parodistischen Übertreibung sind der »Halve Hahn«, ein Stück Holländer Käse (mittelalt) auf einem Roggenbrötchen (Röggelchen) – und der »Kölsche Kaviar«, ein Stück Flönz mit Zwiebelringen.
Apropos Parodie: Das schönste Beispiel für parodistische Selbstverleugnung auf dem Ernährungssektor stammt aus der unmittelbaren Nachkriegs-Hungerzeit. Da sangen die Volkssänger »Die vier Botze« auf die Melodie der »Capri-Fischer« die entsagungsvollen Verse: »Bella bella bella Marie – donn dä Schinke fott, ich mag en nit mieh!« Das war zu einer Zeit, als die meisten Kölner nicht einmal mehr wußten, wie »Schwein« geschrieben wird!

Der Kölsch-Kneipen-Gast von heute wird sich daran wohl kaum noch erinnern. Er »vermacht« sich an der Nahrhaftigkeit des in reichlichen Portionen Dargereichten und läßt für einen Tag oder Abend Kalorien Kalorien und Joule Joule sein.
Viele Positionen von früheren Speisekarten sind übrigens heute aus dem Angebot verschwunden. »Bierzupp« lesen wir neuerdings wieder, oder »Bottermilch-Bunnezupp«, oder »Sorekappeszupp« (Sauerkrautsuppe) und »jestuvte Murre met Brodwoosch« (geschmorte Möhren mit Bratwurst). So etwas gab es jahrzehntelang höchstens auf besondere Bestellung.
Zur Bereicherung der kölschen Foderkaat hingegen sollte anno 1987 ein Köche-Wettbewerb dienen, den die Kölner Brauer zur »Anuga« ausgeschrieben hatten. Der erste Preis ging an den Schöpfer eines Gerichts namens »Kölsche Hilligesching« (Heiligenschein), bestehend aus einem Kohlpudding mit Lachs und Rote Bete-Kartoffeln. Den zweiten Preis errang ein »kölsches Sandwich«, zusammengesetzt aus einer Scheibe Schwarzbrot, einem Reibekuchen, etwas Sauerkraut, Apfelkraut, Creme fraiche und gehackter Zwiebel. Es wird jedoch – vorsichtig gesagt – noch etwas dauern, bevor sich der gemeine kölsche Gaumen auch daran gewöhnt hat.
Vielleicht wäre das auch der Begriffe zuviel – wo sich doch manch einer mit den herkömmlichen schon schwertut. Wie jener Gastro-Kritiker, der für ein überregionales Blatt den »kölschen Kaviar« so beschrieb: »Nichts anderes als Blutwurst, die in der Pfanne so lange gebraten wurde, daß sie zu lauter dunklen Krümelchen geworden ist, den Stör-Eiern nicht unähnlich.« Dem Köbes, der dem Berufs-Gourmet diesen Stör-Fall untergejubelt hat, gebührt eigentlich ein Orden!
Es muß aber – wie gesagt – nicht immer Kaviar sein. Und da der »Hilligesching« noch etwas auf sich warten läßt, erklären wir im Folgenden ein paar handfeste Rezepte aus Großmutters Zeit.

Aus der kölschen Speisekarte

Klatschkies met Öllich

Klatschkies war schon früher, als man den Käse noch aus frischem Rahm mühsam selbst herstellte, ein äußerst beliebtes Sommeressen. Es bedarf jedoch auch in unseren Tagen eines gewissen Fingerspitzengefühls, um einen gewöhnlichen Speisequark in einen »Klatschkies met Öllich« zu verwandeln:

Rühren Sie den Quark mit etwas Büchsenmilch schön sämig. Würzen Sie mit Salz, Pfeffer, einer Prise Muskat, gehacktem Schnittlauch und einer fein gewürfelten Zwiebel. Wenn es Frühlingszwiebeln gibt, schneiden Sie diese in dünne Ringe und garnieren Sie den Quark damit. Über Varianten mit Paprika oder Curry läßt sich reden, je nach Geschmack.

Im alten Köln wurde Klatschkies auf Schwarzbrot gegessen. Heute bieten die Bäckereien außerdem Pumpernickel und frisches Zwiebelbrot an. Vergessen Sie nie die Butter auf dem Brot, die rundet den Geschmack ab. Auch zu Pellkartoffeln schmeckt »Klatschkies mit Öllich« gut.

Rievkooche

Eine typisch rheinische Spezialität sind echte Rievkooche, obwohl dieses Gericht quer durch die deutschen Lande auch als Kartoffelpuffer (Berlin), Reiberdatschi (Bayern) und auch in einer industriell gefertigten Form bekannt ist. Wir meinen die echten »Selbstgemachten«. Die Zubereitung macht zwar etwas Mühe, dafür entschädigen herrlicher Geschmack, goldbraune Farbe und zufriedene Gesichter aller Tischgenossen. Das Rezept enthält keine raffinierten Zutaten, man muß nur wissen, wie es geht. Hier ein Rezept für ca. 30 Reibekuchen: Die Kartoffeln (2 kg) schälen, waschen und auf der Reibe grob raspeln. Die geriebenen Kartoffeln in einem sauberen Tuch gründlich auspressen. Zwei Zwiebeln schälen und fein würfeln. 200 g durchwachsenen Speck in kleine, feine Würfel schneiden. Den Kartoffelbrei mit 2 Eiern, den Zwiebeln und dem Speck vermengen, mit Salz und Pfeffer würzen. Die Reibekuchen portionsweise in heißem Fett auf beiden Seiten goldbraun backen. Im alten Köln benutzte man dazu Rübenöl oder Schmalz. Heute gibt es Pflanzenöl, welches ohne Spritzen verwendet werden kann. Zu Reibekuchen kann man die verschiedensten Dinge essen. Im Bergischen ißt man sie auf gebuttertem Schwarzbrot, mit Rüben- oder Apfelkraut bestrichen, in Köln meistens mit Apfelmus. Besonders delikat schmecken die Reibekuchen mit angemachtem Tartar belegt. Eine neue Variante, die sich immer größerer Beliebtheit erfreut.

Himmel un Äd

Das Gericht ist einfach und raffiniert, süß und herb. Die drei Hauptzutaten sind Äpfel, Kartoffeln und natürlich Blutwurst (»Flönz«).

Rezept für 4 Personen: 1 kg weichkochende Kartoffeln, 5 große Äpfel (am besten Boskop), 1 Pfund Zwiebel, 1 EL Zukker, 1 EL Zitronensaft, 50 g durchgewachsener Räucherspeck, 1 EL Butter, 1 Pfund Blutwurst, 200 ccm Milch und Muskat.
Die geschälten Kartoffeln in Salzwasser garkochen. Die Äpfel schälen, vierteln, entkernen und mit Zucker und Zitronensaft auf kleiner Flamme zu Mus kochen. Den Speck würfeln und in der Pfanne auslassen. Die geschälten Zwiebeln in Scheiben schneiden und goldgelb rösten.
Die gekochten Kartoffeln zerstampfen, die Milch mit der Butter, 1 TL Salz und einer Prise Muskat erhitzen. Dann über die Kartoffeln geben und mit dem Schneebesen zu Püree schlagen. Das Apfelmus gut unterrühren. Speckwürfel und Zwiebel aus dem Bratfett heben und warmhalten. Dann muß es zügig weitergehen: Die Blutwurst in 1 cm dicke Scheiben schneiden und auf beiden Seiten eine Minute ausbraten. Den Brei auf einer Platte anrichten, die gebratene Blutwurst darauflegen und mit den gerösteten Zwiebeln bedecken.

Soor Bunne met Speck

Wer kennt sie nicht, die schönen, soliden, blaugrau glasierten Steinzeuggefäße, in denen unsere Eltern im Herbst die Schnibbelbohnen einmachten? Die Bohnen wurden mit natürlicher Milchsäure zum Gären gebracht. Das war richtig deftige rheinische Hausfrauenart. Heute nehmen uns die Konservenfabriken diese Arbeit ab und liefern uns die sauren Bohnen portionsweise fertig eingemacht. Das hat ihrem Geschmack und ihrer Beliebtheit nicht geschadet.
Das Rezept für 4 Personen: 2 Beutel Schnittbohnen (am besten aus dem Vorgebirge) aufschneiden, in ein Küchensieb geben und mit heißem Wasser kurz übergießen. Die Bohnen abtropfen lassen.
1 kg Kartoffeln schälen, abkochen und durchquetschen.

100 g durchwachsenen Räucherspeck in kleine Würfel schneiden und im Kochtopf auslassen. 2 mittlere Zwiebeln in Ringe schneiden und goldgelb bräunen.
Dann die abgetropften Bohnen und die Kartoffeln hinzugeben. Ein kleiner Suppenwürfel sollte nicht fehlen. Mit Pfeffer, Salz und Muskat abschmecken. Zum Schluß noch eine halbe Tasse saure Sahne einrühren (gibt den sauren Bohnen die feine Sämigkeit).
Als Fleischbeilage je nach Geschmack Mettwurst, Rippchen oder Kasseler mitkochen lassen.

Soorbrode

Jede gute Kölner Köchin hat für den »Soorbrode«, den rheinischen Sauerbraten, ein eigenes, ganz spezielles Rezept.
Hier unser Rezept für 4 Personen. Die Zutaten: 2 Pfund mageres Ochsenfleisch (Rindfleisch), 1–2 Lorbeerblätter, 3–4 Gewürznelken, Senfkörner, 2–3 Pfefferkörner, 2 Wacholderbeeren, 2 Zwiebeln, in Scheiben geschnitten, 2 Tassen Weinessig, 4 Tassen Wasser, 1 TL Salz, ½ TL Pfeffer (schwarz), 3 EL Schmalz, 125 g Rosinen, 1 TL Mondamin, Rotwein, Tomatenmark, Zucker und Apfelkraut nach Geschmack.
Essig und Wasser aufkochen, Gewürze und Gemüse hineingeben. Abkühlen lassen und über das Fleisch geben (das Fleisch muß ganz bedeckt sein). Verschließen und zwei bis drei Tage in der Marinade aufbewahren. Fleisch herausnehmen und abtrocknen. Mit Salz und Pfeffer einreiben. Im Schmortopf mit Schmalz ringsum anbraten. Die Marinade durch ein Sieb gießen und dann den Sud (⅛ l) über den Braten geben. Den Braten zwei Stunden schmoren lassen. Gelegentlich wenden und etwas Wasser angießen. Den Sauerbraten aus dem Sud nehmen und warmstellen. Nun die Sauce mit den Rosinen aufkochen und mit der Speisestärke binden. Evtl. etwas Zucker zugeben und mit Rotwein, Tomatenmark und Apfelkraut abrunden. Den Sauerbraten am Tisch aufschneiden, mit Kartoffelklößen und Apfelmus servieren.

Muuzemandeln

Wenn im Rheinland der Karneval, die närrische Zeit beginnt, sieht man in den Schaufenstern der Bäcker und Konditoreien Tabletts voll mit in Fett gebackenen Krapfen, Kringeln und »Muuzemandeln«.
Der Brauch ist schon recht alt: Vor der kargen Fastenzeit wollte man noch einmal kräftig zulangen. Je fetter, je besser.
Probieren Sie unser Rezept für »Muuzemändelche mit Schuß«. Es erfordert zwar etwas mehr Mühe als der Gang zum Konditor an der Ecke, macht aber viel mehr Spaß und schmeckt eben wie zu Haus:
Man nehme 50 g Butter, 125 g Puderzukker, 2 Eier, 300 g Mehl, 100 g gemahlene Mandeln, 1 Pack. Backpulver, 2 EL Amaretto-Likör. – Die Butter schmelzen und dann schaumig rühren. Den Zucker, die Eier und den Amaretto-Likör langsam unterquirlen. Das Mehl mit dem Backpulver vermischen. Die Hälfte des Mehls unterrühren. Die andere Hälfte unterkneten. Den Teig etwa 2–3 mm ausrollen. Die Formen der Muuzemandeln ausstechen und in siedendem Fett schwimmend hellbraun bakken. Abtropfen lassen und mit Puderzucker bestreuen.

Die

Cölner Köchinn.

Oder:

Sammlung

der besten und schmackhaftesten Speisen für den herrschaftlichen so wohl als bürgerlichen Tisch,

Nebst

Anweisung verschiedenes Backwerk zu verfertigen, Früchten zu trocknen und einzumachen; eben so einigen Hausmitteln.

Zweite verbesserte und viel vermehrte Auflage.

Cöln, bei Arnold Christ. Haas,
und
Deutz, in der Hochf. Nassau-Using. pr. Buchdruckerei,
1806.

Inhalt.

Pasteten.

Allerhand Braten.

Beitzen, Fleisch-Sulzen (Gelee, Gallete eingemachte und kalte Fleischspeisen.

Saucen und Schüen.

Saucen zu Fleischspeisen.

Saucen zu Fischen und sonstigen Fastenspeisen.

Von Fischen und zu Fischen gehörendes Geflügel für die Fasttäge.

Eine Brauerei von 1900

Besuch im Küppers-Museum

In Köln kann man eine Brauerei besichtigen, wie sie vor 80 Jahren üblich war. Der Mann, dem wir das verdanken, heißt Friedrich Jirmann. Er ist Braumeister und Mitglied der Geschäftsleitung der Küppers Kölsch Brauerei. Über zehn Jahre lang spürte er überall in Deutschland altes Braugerät auf: hölzerne Bottiche, kupferne Kessel, messingglänzende Apparaturen. In Köln – im südlichen Teil der Stadt, an der Alteburger Straße – wurden die Gerätschaften gereinigt, repariert, wenn es nötig war, und zusammengestellt. So entstand eine komplette Brauerei, die sofort funktionieren könnte. Die Liebe zum Detail ging bis zu den Stromleitungen, die frei an der Decke der Brauerei verlegt wurden – ein Grund für jeden elektrotechnischen Fachverband, die Polizei zu rufen. Aber die Kabel sind nur optisch wirksam: Strom läßt man nicht durch.

Rechts oben: Der Malzboden – perfekt mit einer Malz-Schrotmühle. Unten: das Sudhaus. Mit einer altväterlichen Transmission wird das Rührwerk angetrieben.

Oben: das Kühlschiff. Hier wird die heiße Würze auf Temperaturen gebracht, die eine Gärung erlauben.
Links: Im Gärkeller wurde damals mit der Handpumpe das Bier von einem Bottich in den anderen befördert.

Auf der rechten Seite oben: der Lagerkeller. Darunter der »Verschneidebock«. Er pumpte Bier – unter korrekter Einhaltung des Drucks – von einem Faß ins andere.

9

Rechts: das Abfüllen des Bieres in die kleinen Fäßchen, die verkauft wurden. Oben: eine Abfüll-Anlage für Bierflaschen. Besonders interessant sind die gebogenen Metallstücke, die wie Reibeisen aussehen. Es sind keine. Die Eisen wurden angebracht, um den Bedienungsmann zu schützen, falls eine der Flaschen bei der Abfüllung zersprang.

Die Fässer waren – wie auch die Gärbottiche und vieles andere in der Brauerei – aus Holz. Der Küfer kam damals gleich nach dem Braumeister. Sein Handwerk war wichtig für Geschmack und Haltbarkeit des Biers. In Ulm war vorgeschrieben, daß er für das Ausbrennen der Fässer nur Zimtrinde, Nelken, Wacholder, Meisterwurz und Wermut-Pflanzen benutzen durfte.
Die Böttcherzunft hatte strenge Regeln. Als Meisterstücke wurden einst zwei Eimer gefordert, ein Eichenfaß mit zwei Fudern Inhalt und etliche Wannen. In Zittau bei

Das Bild oben zeigt, wie es um die Jahrhundertwende in der Küferstube einer Brauerei zuging.

Dresden war es noch schwieriger. Nach der Zunftsatzung von 1569 durfte nur der mit dem Meisterstück beginnen, der mit einer Jungfrau verlobt war.
Ob man Küfer oder Böttcher sagt, ist gleichgültig: beides ist derselbe Beruf. »Küfer« kommt von der »Kufe«, einem Kübel zum Bierbrauen oder Weinkeltern. »Böttcher« hingegen ist einer, der Bottiche macht.

Die Kölsch-Brauereien und ihre Marken

BÜRGER KÖLSCH
Rheinische Bürger-Bräu GmbH & Co. KG, Köln

DOM KÖLSCH
Dom-Brauerei, Köln

FRÜH KÖLSCH
Cölner Hofbräu P. Josef Früh, Köln

GAFFEL KÖLSCH
Privatbrauerei Gaffel, Becker & Co., Köln

GANSER KÖLSCH
Ganser Brauerei GmbH & Co. KG, Leverkusen

GARDE KÖLSCH
Brauhaus zur Garde AG, Köln

GEREONS KÖLSCH
Hubertus-Brauerei GmbH, Köln

GERMANIA KÖLSCH
Sieg-Rheinische Germania Brauerei AG, Bornheim

GIESLER KÖLSCH
Friedr. Giesler'sche Brauerei KG, Brühl

GILDEN KÖLSCH
Berg. Löwen-Brauerei GmbH & Co. KG, Köln

KÜPPERS KÖLSCH
Küppers Kölsch GmbH, Köln

KURFÜRSTEN KÖLSCH
Kurfürsten-Bräu AG, Bonn

MÜHLEN KÖLSCH
Brauerei zur Malzmühle Schwartz KG, Köln

PÄFFGEN KÖLSCH
Obergärige Hausbrauerei Gebr. Päffgen, Köln

PETERS KÖLSCH
Monheimer Brauerei Peters & Bambeck, Monheim

RATS KÖLSCH
Privatbrauerei Robert Metzmacher KG, Frechen

REISSDORF KÖLSCH
Privat-Brauerei Heinrich Reissdorf GmbH & Co., Köln

RICHMODIS KÖLSCH
Richmodis-Bräu, vorm. Brauhaus Friedr. Winter GmbH, Köln

RÖMER KÖLSCH
Römer-Brauerei Josef Roleff GmbH & Co. KG, Bergheim-Thorr

SESTER KÖLSCH
Privatbrauerei Sester GmbH & Co., Köln

SEVERINS KÖLSCH
Brauerei Peter Schopen GmbH, Bedburg

SION KÖLSCH
Altstadt-Bräu Johann Sion KG, Köln

SÜNNER KÖLSCH
Brauerei Gebr. Sünner GmbH & Co. KG, Köln

ZUNFT KÖLSCH
Erzquell-Brauerei Bielstein Haas & Co. KG, Wiehl-Bielstein

Gasthaus zur Täsch

Vielen Dank . . .

. . . sagen Autoren und Verlag für vielfältige Unterstützung bei der Suche nach Quellen für dieses Buch. Das Rheinische Bildarchiv hat bereitwillig seinen Fundus geöffnet. Dr. Erhard Schlieter, Direktor des Verkehrsamts der Stadt Köln, hat Motive aus seiner reichhaltigen Postkartensammlung zur Verfügung gestellt. Wir durften die bibliophilen Schätze von Hanns-Theo Schmitz-Otto nutzen. roemerpresse, der Pressestelle des Kölner Brauerei-Verbandes, gilt dieser Dank ebenso wie allen Brauereien, die Informationen und Bildmaterial beigesteuert haben. Und schließlich: Der Beitrag über »Beichtstühle« in Kölner Brauhäusern erschien in leicht anderer Form zuerst in »köln – vierteljahresschrift für die freunde der stadt«, Heft 1/1986.

Ausgewählte Literatur

Becker, Hermann: Köln vor 60 Jahren – Altkölnische Wirtshäuser, Köln 1922

Borger, Hugo/Zehnder, Frank Günter: Köln – Die Stadt als Kunstwerk, Greven Verlag Köln 1982

Erste Kölner Bierzeitung, Nummer 1–12, Köln 1985–1988

Fuchs, Peter: Köln damals gestern heute, Greven Verlag Köln, 1987/9. Auflage

Keussen, Heinrich: Topographie der Stadt Köln, Bonn 1910

Louis, Reinold: Kölner Originale, Greven Verlag Köln 1985

Louis, Reinold: Kölnischer Liederschatz, Greven Verlag Köln 1986

Macherey, Lambert: Kölner Kneipen im Wandel der Zeit (1846 bis 1921), Köln 1922

Mathar, Ludwig: Köln wie es war, ist und sein wird – ein Stadtbild, unveröffentlicht, 1925

Peusquens, Bernhard: Die Kölner Zünfte bis zum Ausgang des Mittelalters, in: Beiträge zur kölnischen Geschichte, Sprache, Eigenart, Bd. 2 (Nov. 1915 – Aug. 1917)

Scheben, Wilhelm: Das Zunfthaus und die Zunft der Brauer, Köln 1880

Scheben, Wilhelm: Die Zunft der Brauer, Köln 1880

Scheben, Wilhelm: Die ältesten Brauereien Kölns, in: Sonntags-Anzeiger Nr. 615/August 1888

Signon, Helmut: Alle Straßen führen durch Köln, Greven Verlag Köln 1975

Vogts, Hans: Das Kölner Wohnhaus, Köln 1914

Vogts, Hans: Köln, bauliche Entwicklung 1888–1927, Berlin-Halensee 1927 (schriftl.)

Weyden, Ernst: Köln am Rhein vor 50 Jahren, Köln 1862

Bildnachweis

Roland Anheisser: Seite 122 – Klaus Barisch: Seiten 132, 133, 134, 135 – Bayerischer Brauerbund e.V.: Seite 8 – Cölner Hofbräu P. Josef Früh: Seiten 58, 112 – W. Eßer: Seite 104 – Siegfried Himmer: Seiten 137, 138, 139 – Historisches Archiv der Stadt Köln: Seiten 65, 111 – Keramikmuseum Frechen: Seite 126 (2) – Kölner Brauerei-Verband e.V.: Seiten 6, 128, 136, 147, 148, 151, 170 – Küppers Kölsch GmbH: Seiten 152, 153, 165 (2), 166 (2), 167 (2), 168 (2), 1 – Franz Mathar: Seiten 113, 114, 117, 126, 127, 1 137, 150, 164 – Brauerei Heinrich Reissdorf: Seite – Rheinisches Bildarchiv: Seiten 2, 20, 26, 30, 36, 41, 42, 47, 52, 57, 60, 61, 62, 67, 71, 72, 74, 77, 80, 89, 93, 98, 107, 108, 115, 116 – Sammlung Dr. Erh Schlieter: Seiten 44, 45, 51, 55, 69, 84, 86, 97, 140, 154, 156, 159 – Nachlaß Dr. Wilhelm Schm Thomé: Seiten 28, 64, 66, 90, 103 – Hanns-T Schmitz-Otto: Seiten 48, 79, 110, 143, 145 – Br rei Johann Sion: Seiten 100, 101.